CIDADE FEMINISTA

"***CIDADE FEMINISTA*** é uma punhalada contundente na manipulação sutil e aberta das mulheres nos espaços urbanos. As referências entrelaçadas de Kern à sua experiência pessoal durante a infância, idade adulta e maternidade tornam seu trabalho profundamente pesquisado e inteligente infinitamente legível. Kern mostra que a capacidade de todas as mulheres de explorar totalmente a cidade é um indicador valioso e necessário para o valor da cidade".

— Lezlie Lowe, autora de No Place to Go: How Public Toilets Fail Our Private Needs

"Leslie Kern fornece uma análise clara e refrescante da vida urbana contemporânea. *Cidade Feminista* tece perfeitamente a teoria e a experiência, revelando repetidamente como o pensamento geográfico feminista é essencial para a compreensão do **ESPAÇO URBANO**. *Cidade Feminista* é um livro para ser compartilhado e discutido por qualquer pessoa que adora cidades".

— Lauren Hudson, SolidarityNYC

"*Cidade Feminista* é o livro sobre o urbanismo da próxima geração que eu estava esperando! Leslie apresenta um guia abrangente para a construção do mundo feminista de que nossas cidades precisam tão **URGENTEMENTE**. Uma leitura obrigatória para todos os funcionários municipais e urbanistas em ascensão à medida que avançamos para o futuro feminino de nossos ambientes urbanos".

— Katrina Johnston-Zimmerman, MUS, antropóloga urbana e professora adjunta, Lindy Institute for Urban Innovation, Drexel University; cofundadora da The Women Led Cities Initiative

"Como começamos a reconhecer e, em última instância, reimaginar nosso domínio público na era #MeToo? Podemos começar levantando uma maior diversidade de experiências e vozes que influenciam nosso pensamento sobre o que torna um lugar justo, divertido, acessível, seguro e dinâmico **PARA TODOS**. A exploração de Kern é honesta, oportuna e intencional em reconhecer o trabalho das mulheres – de urbanistas e outras – no avanço da cidade feminista".

— Lynn M. Ross, AICP, planejadora urbana e feminista

"Este volume definitivamente estabelece Kern como uma voz principal e apaixonada da segunda geração da geografia urbana feminista norte-americana. Kern habilmente entrelaça sua narrativa biográfica pessoal e uma síntese da bolsa feminista urbana para capturar as tensões entre a cidade-como-barreira e a cidade-como-possibilidade que continuam a infundir as **EXPERIÊNCIAS** urbanas diárias de tantas mulheres".

— Damaris Rose, professora honorária de geografia social e estudos urbanos, Institut National de la Recherche Scientifique, Montreal, Quebec

"Eu gostaria de já ter lido este livro há muitos anos. As experiências sobre as quais Kern reflete são onipresentes, senão universais. Kern combina o melhor da literatura acadêmica com referências da cultura popular para explorar as maneiras pelas quais o espaço urbano é definido **PELO GÊNERO**. Ler o livro é um prazer, como uma conversa profunda com um amigo sábio".

— Winifred Curran, professor de geografia, Universidade DePaul

CIDADE FEMINISTA | UM GUIA
LESLIE KERN | ENTRE OS LIMITES DE TORONTO
© 2019 Leslie Kern

Originally published in English as: Feminist City: A Field Guide
©Between the Lines, Toronto, 2019
www.btlbooks.com

Editores: Raquel Menezes e Jorge Marques
Revisão: Oficina Raquel
Tradução: Thereza Christina Rocque da Motta
Capa, projeto gráfico e diagramação: Camila Teresa e Letícia Yoshitake

Dados internacionais de catalogação na publicação (CIP)

K39c Kern, Leslie, 1975-
       Cidade feminista : a luta pelo espaço em um mundo desenha-
       do por homens / Leslie Kern ; [tradução de] Thereza Roque da
       Motta. – Rio de Janeiro : Oficina Raquel, 2021.
       255 p. ; 18 cm.

       Tradução de: Feminist city
       ISBN 978-65-86280-66-1

       1. Mulheres 2. Vida urbana 3. Feminismo I. Motta,
       Thereza Roque da II.Título.

                                                CDU 316.334.56-055.2

Bibliotecária: Ana Paula Oliveira Jacques / CRB-7 6963

Agradecemos o apoio financeiro às nossas atividades editoriais: o Governo do Canadá; o Conselho Canadense de Artes, que, no ano passado, investiu US$ 153 milhões para levar as artes aos canadenses de todo o país; e o Governo de Ontário, por meio do Conselho de Artes de Ontário, do programa Insumo Fiscal aos Editores de Ontário e do *Criação de Ontário*.

We acknowledge the support of the
Canada Council for the Arts for this translation.

Leslie Kern

CIDADE
FEMINISTA

oficina
raquel

Para Maddy

SUMÁRIO

AGRADECIMENTOS

INTRODUÇÃO **CIDADE DOS HOMENS 13**
- MULHERES DESORDENADAS 14
- QUEM ESCREVE A CIDADE? 19
- LIBERDADE E MEDO 24
- GEOGRAFIA FEMINISTA 28

CAPÍTULO 1 **CIDADE DAS MÃES 39**
- A FLANADORA 41
- UM CORPO PÚBLICO 44
- O LUGAR DA MULHER 48
- O ACERTO DA CIDADE 54
- A MATERNIDADE GENTRIFICADA 59
- A CIDADE NÃO SEXISTA 69

CAPÍTULO 2 **CIDADE DAS AMIGAS 81**
- AMIZADE COMO FORMA DE VIDA 82
- CIDADE DAS GAROTAS 89
- AMIZADES E LIBERDADE 99
- OS ESPAÇOS DAS MULHERES GAYS 107
- AMIGAS ATÉ O FIM 110

CAPÍTULO 3 **CIDADE DE UMA 121**
              ESPAÇO PESSOAL 122
              MESA PARA UMA 127
              O DIREITO DE ESTAR SOZINHA 133
              MULHERES EM PÚBLICO 137
              CONVERSA DE BANHEIRO 146
              MULHERES TOMANDO SEU ESPAÇO 153

CAPÍTULO 4 **CIDADE DE PROTESTO 157**
              DIREITO À CIDADE 160
              SEGURANÇA POR NÓS MESMAS 167
              TRABALHO ATIVISTA DE GÊNERO 172
              TURISMO ATIVISTA 180
              AULAS DE PROTESTO 185

CAPÍTULO 5 **CIDADE DO MEDO 191**
              O MEDO FEMININO 194
              MAPEANDO O PERIGO 199
              O CUSTO DO MEDO 202
              DANDO MEIA-VOLTA 205
              MULHERES CORAJOSAS 212
              INTERSECCIONALIDADE E VIOLÊNCIA 215

CIDADE DE POSSIBILIDADES 223

NOTAS 236

AGRADECIMENTOS

Gostaria de agradecer a todos na Between the Lines Books e, em particular, à minha editora Amanda Crocker, por ter aceitado este livro de forma entusiástica e me apoiar ao longo de todo o processo de publicação. A equipe incluiu Chelene Knight, Renée Knapp, David Molenhuis e Devin Clancy.

Eu tendo a manter meus projetos perto do meu peito, até que eles estejam quase concluídos (é uma característica de Escorpião), mas quero agradecer às pessoas que me encorajaram e aconselharam desde o início enquanto eu deixava a notícia vazar: Erin Wunker, Dave Thomas, James McNevin, Caroline Kovesi e Pamela Moss.

A comunidade feroz, criativa, rigorosa e engajada de geógrafas feministas tem sido meu lar intelectual por muitos anos e eu nunca poderia fazer este trabalho sem o empenho deles. Nossas reuniões, conferências e festas do livro são muito significativas para mim. Tive a sorte especial de ter Heather McLean, Winifred Curran, Brenda Parker, Roberta Hawkins, Oona Morrow, Karen Falconer Al Hindi, Tiffany Muller Myrdahl, Vannina Sztainbok e Beverley Mullings como amigos, coautores e colaboradores.

Meus mentores e orientadores da pós-graduação continuam a me inspirar e sou grato por tudo que eles fizeram para me ajudar a ter sucesso: Sherene Razack, Helen Lenskyj, Gerda Wekerle e Linda Peake.

Meus colegas e alunos da Mount Allison University criaram um ambiente caloroso e revigorante para meu trabalho nos últimos dez anos. Grito especial para todos que já estudaram Gênero, Cultura e a Cidade: este livro é uma pura destilação do que uma tropa particularmente engajada já chamou de "Kernografia". Nossas conversas ajudaram a definir os objetivos deste livro.

Minhas aventuras urbanas e não tão urbanas ficaram cheias de diversão, irmandade, viagens, tatuagens, queijos e calçados desconfortáveis devido aos meus dois grupos de amigas, as Mocinhas Cor-de-rosa de Toronto e o Grupo Lady Sackville. Por ordem de surgimento na minha vida: Jennifer Kelly, Kris Weinkauf, Katherine Krupicz, Sarah Gray, Cristina Izquierdo, Michelle Mendes, Katie Haslett, Jane Dryden, Shelly Colette e Lisa Dawn Hamilton.

Sempre tive o apoio incondicional de minha família, incluindo meus pais, Dale e Ralph, e meu irmão Josh, bem como uma grande rebanho de parentes – biológicos ou não. Meu parceiro Peter prepara o café todas as manhãs, o que basicamente me permitiu escrever cada palavra deste livro. Minha filha Maddy é uma luz absoluta. Amo todos vocês e aprecio profundamente tudo o que fazem por mim.

INTRODUÇÃO

CIDADE
DOS
HOMENS

Tenho uma foto antiga do meu irmão caçula e eu e cercados por dezenas de pombos na Trafalgar Square em Londres. Suponho, pelos nossos cortes de cabelo idênticos em forma de tigela e as calças de veludo cotelê boca de sino, que seja 1980 ou 1981. Estamos felizes atirando o alpiste que nossos pais compraram em uma pequena máquina automática na praça. Não existem mais essas máquinas, porque agora é proibido alimentar os pombos, mas, naquela época, era um dos melhores momentos da viagem quando íamos visitar a família do meu pai. No meio dos pombos, nossa empolgação era palpável. Em nossos sorrisos radiantes, percebo o início do amor que ambos nutrimos por Londres e pela vida urbana.

Josh e eu nascemos no centro de Toronto, mas nossos pais nos criaram no subúrbio. Embora a população de Mississauga a torne uma das maiores e mais diversificadas cidades do Canadá, sua essência, na década de 1980, era de um shopping center suburbano motorizado. Meu irmão e eu nos mudamos para Toronto assim que pudemos, rejeitando o subúrbio mais rápido do que poderíamos dizer "Linha Yonge-University-Spadina". Mas nossas experiências de vida na cidade foram muito diferentes. Duvido que Josh já tenha precisado voltar para casa segurando as chaves na mão ou sido empurrado por tomar muito espaço por causa de um carrinho de bebê. Uma vez que temos a mesma cor da pele, religião, talentos, histórico escolar e uma boa parte do nosso DNA, devo concluir que o gênero seja a grande diferença.

MULHERES DESORDENADAS

As mulheres sempre foram vistas como um problema para a cidade moderna. Durante a Revolução Industrial, as cidades europeias cresceram rapidamente e trouxeram para as ruas uma mistura caótica de classes sociais e imigrantes. As normas sociais vitorianas da época incluíam limites rígidos entre as classes e uma etiqueta firme destinada a proteger a pureza das mulheres brancas da alta classe. Essa etiqueta foi fragmentada pelo crescente contato urbano entre mulheres e homens, e entre mulheres e as grandes massas urbanas fervilhantes. "O cavalheiro e, pior ainda, a dama foram forçados a conviver com as classes inferiores e serem esbofeteados e empurrados com pouca cerimônia ou nenhuma deferência", escreve a historiadora cultural Elizabeth Wilson.[1] O "terreno contestado" da Londres vitoriana havia aberto espaço para as mulheres "reivindicarem fazer parte do público", especialmente no que diz respeito aos debates sobre segurança e violência sexual, explica a historiadora Judith Walkowitz.[2] No entanto, esse período caótico de transição significava que era cada vez mais difícil discernir a classe, e uma senhora caminhando pela rua corria o risco do insulto máximo: ser confundida com uma "mulher pública".

Essa ameaça às distinções supostamente naturais de posição e a fragilidade das barreiras de respeitabilidade significava que, para muitos comentaristas da época, a própria vida urbana era uma ameaça à civilização. "A condição das mulheres", explica Wilson, "tornou-se a pedra de toque para os julgamentos sobre a vida na cidade".[3] A liberdade cada vez mais expansiva das mulheres foi recebida com pânico moral em relação a todas as coisas, desde a atividade sexual até as bicicletas. O campo, juntamente com os subúrbios em expansão, proporcionariam um refúgio adequado para as classes média e alta e, o mais importante, segurança e respeitabilidade contínua para as mulheres.

Enquanto algumas mulheres precisavam ser protegidas da desordem conturbada da cidade, outras mulheres precisavam de controle, reeducação e talvez até de banimento. A crescente atenção à vida na cidade tornou as condições da classe trabalhadora mais visíveis e cada vez mais inaceitáveis para a classe média. Quem melhor para culpar do que as mulheres, que vieram às cidades em busca de trabalho nas fábricas e no serviço doméstico, virando a família "de cabeça para baixo", segundo Engels. A participação das mulheres no trabalho remunerado significava um pouco de independência e, claro, menos tempo para as responsabilidades domésticas dentro de seu próprio lar. As mulheres pobres eram consideradas fracassadas, cuja incapacidade de manter seu lar limpo devia-se pela "desmoralização" da classe trabalhadora. Essa desmoralização se expressava por meio do vício e de outros tipos de comportamentos públicos e privados problemáticos. Tudo isso era visto como uma situação profundamente antinatural.

Claro, o maior mal social era a prostituição, que tinha o potencial de destruir a família, abalar as bases da sociedade e disseminar doenças. Pelo entendimento inicial na época, acreditava-se que a doença fosse transmitida por um miasma que contaminava o ar, levado pelos odores nocivos do esgoto. O conceito de um miasma moral também surgiu: a ideia de que alguém pode ser contaminado pela depravação pelo simples fato de estar próximo àqueles que o carregam. Os escritores da época ficavam escandalizados com a presença comum de "prostitutas" que exerciam abertamente seu ofício, tentando homens bons para um mundo de vícios. As mulheres também foram "constantemente expostas à tentação e, uma vez 'caída', a mulher estava condenada, muitos protestantes acreditavam, a uma vida de degradação crescente e a uma morte trágica e precoce".[4]

A solução proposta por vários homens, incluindo Charles Dickens, era que as mulheres decaídas deveriam emigrar para as colônias, onde poderiam se casar com um dos vários colonos existentes para ter sua respeitabilidade restaurada. Aqui, a necessidade de proteger as mulheres coloniais brancas da ameaça dos "nativos" forneceu uma justificativa para a contenção e a eliminação das populações indígenas nas áreas urbanizadas. Os romances populares da época retratavam histórias aberrantes de sequestros, torturas, estupros e casamentos forçados de mulheres brancas causados por "selvagens" saqueadores e vingativos. Essas novas cidades fortificadas de colonizadores marcariam a transição da fronteira para a civilização e a pureza e segurança das mulheres brancas completariam a metamorfose.

Por outro lado, as mulheres indígenas eram vistas como ameaças a essa transformação urbana. Seus corpos tinham a capacidade de reproduzir a "selvageria" que os colonizadores buscavam conter. Eles também ocuparam posições importantes de poder cultural, político e econômico em suas comunidades. Tirar as mulheres indígenas desse poder impondo a família patriarcal europeia e os sistemas de governo e, ao mesmo tempo, desumanizar as mulheres indígenas como primitivas e promíscuas lançou as bases para os processos legais e geográficos de expropriação e deslocamento.[5] Assim, a degradação e a estigmatização das mulheres indígenas faziam parte do processo de urbanização. Dados os índices extraordinários de violência contra mulheres e meninas indígenas hoje em cidades que foram colonizadas, fica claro que essas atitudes e práticas deixaram legados devastadores e duradouros.

Avancemos para hoje: os esforços para controlar os corpos das mulheres para fazer avançar certos tipos de melhoria da cidade estão longe do fim. Na história recente, vimos a esterilização forçada ou coagida de mulheres negras e indígenas que recebem assistência social ou são vistas de alguma forma como dependentes do Estado. O estereótipo racista da "rainha do bem-estar" negra circulou como parte da narrativa de cidades decadentes nas décadas de 1970 e 1980. Isso tem sido conectado a pânicos morais em relação à gravidez na adolescência, com suas suposições de que as mães adolescentes irão se juntar às ditas rainhas do bem-estar social e produzir filhos pré-dispostos ao crime. Os movimentos contemporâneos para abolir o trabalho sexual foram renomeados como campanhas antitráfico, sendo o tráfico uma nova forma de ameaça urbana sexualizada. Infelizmente, as trabalhadoras do sexo que não são traficadas recebem pouco respeito ou tratamento sob esse ponto de vista.[6] As campanhas contra a obesidade têm como alvo as mulheres como indivíduos e mães, com seus corpos e os de seus filhos vistos como sintomas de questões urbanas modernas, como a dependência de carros e de fast food.

Em suma, os corpos das mulheres ainda são frequentemente vistos como fonte ou um sinal de problemas urbanos. Mesmo as jovens brancas que têm filhos são vistas como vis, como as culpadas da gentrificação, enquanto os defensores da gentrificação culpam as mães solteiras de cor e as imigrantes por reproduzir a criminalidade e desacelerar a "revitalização" urbanas. Parecem infindáveis os modos como as mulheres são vinculadas às questões sociais urbanas.

Embora eu admita que alguns dos temores vitorianos mais exacerbados em relação à pureza e a limpeza tenham diminuído, as mulheres ainda têm na cidade uma série de barreiras – físicas, sociais, econômicas e simbólicas – que moldam suas vidas diárias de formas profundas (embora, não somente) de acordo com o gênero. Muitas dessas barreiras são invisíveis para os homens, porque sua própria vivência significa que eles raramente as encontram. Isso significa que os principais tomadores de decisão das cidades, que na maioria ainda são homens, fazem escolhas em relação a todas as coisas, de política econômica urbana ao planejamento de moradias, da localização das escolas aos assentos de ônibus, do policiamento à remoção da neve, sem tomar conhecimento, muito menos se preocupar como essas decisões afetam as mulheres. A cidade foi criada para apoiar e facilitar os papéis tradicionais do gênero masculino e estabelecendo as experiências dos homens como "regra", com pouca consideração de como a cidade cria bloqueios para as mulheres e ignora seu contato diário com a vida urbana. Isso é o que quero dizer com "cidade dos homens".

QUEM ESCREVE A CIDADE?

Durante o trabalho neste livro, fiquei estranhamente animada para receber a minha brilhante revista de ex-alunos da Universidade de Toronto, porque desta vez a história de capa era "As cidades de que precisamos".[7] O atual presidente da UT é um geógrafo urbano, então, eu tive esperanças. Dentro havia quatro artigos sobre "necessidades" urbanas: acessibilidade, mobilidade, sustentabilidade e mais diversão. Ótimos tópicos. Mas cada artigo foi escrito por um homem branco de meia-idade. A maioria dos especialistas citados pelos autores eram homens, incluindo o onipresente Richard Florida, cuja influência descomunal na política urbana em todo o mundo por meio de seu (confesso) paradigma de classe criativa profundamente falho pode, na verdade, ser o culpado por muitos dos atuais problemas de acessibilidade que assolam cidades como Vancouver, Toronto e San Francisco. Eu gostaria de dizer que fiquei surpresa ou desapontada, mas resignada é provavelmente a melhor palavra. Como a estudiosa feminista Sara Ahmed habilmente aponta: "As citações são outra forma de relacionamento acadêmico. Os homens brancos se mantêm dentro dessas relações por meio de citações. Homens brancos citam outros homens brancos: é o que eles sempre fizeram... Os homens brancos como um caminho trilhado; quanto mais seguimos o mesmo caminho, mais seguimos na mesma direção".[8] O estudo e o planejamento urbano têm "caminhado nessa direção" há um bom tempo.

Estou longe de ser a primeira autora feminista a apontar isso. Existe, agora, uma história profunda de mulheres escrevendo sobre a vida urbana (como Charlotte Brontë, em *Villette*), mulheres defendendo as necessidades das mulheres urbanas (como as reformadoras sociais Jane Addams e Ida B. Wells) e mulheres surgindo com seus próprios projetos para casas, cidades e bairros (como Catharine Beecher e Melusina Fay Peirce). Arquitetas feministas, planejadoras urbanas e geógrafas fizeram intervenções significativas em seus campos por meio de pesquisas empíricas rigorosas em experiências de gênero. As ativistas têm pressionado muito por mudanças importantes no planejamento urbano, no policiamento e nos serviços para melhor atender às necessidades das mulheres. No entanto, uma mulher ainda atravessa a rua à noite se um estranho estiver caminhando atrás dela.

O trabalho fundamental de escritoras e acadêmicas feministas urbanas antes de mim forma a espinha dorsal do livro. Quando eu "descobri" a geografia feminista pela primeira vez na pós-graduação, algo clicou dentro de mim.

De repente, os insights teóricos da teoria feminista assumiram uma terceira dimensão. Eu entendi a operação do poder de uma nova maneira e novas percepções sobre minhas próprias experiências como uma mulher que vivia nos subúrbios e então a cidade começou a se aglomerar. Nunca olhei para trás e tenho orgulho de me chamar de geógrafa feminista hoje. Ao longo deste livro, encontraremos os pensadores urbanos que estudaram de tudo, desde como as mulheres viajam pela cidade até o simbolismo de gênero da arquitetura urbana e o papel das mulheres na gentrificação. Mas, em vez de começar com teoria, política ou desenho urbano, quero partir do que a poetisa Adrienne Rich chama de "a geografia mais próxima", o corpo e a vida cotidiana.[9] "Comece com o material", escreve Rich. "Comece com o corpo feminino. Não para transcender este corpo, mas para reivindicá-lo".[10] O que reivindicamos aqui? Estamos resgatando experiências pessoais vividas, conhecimentos básicos e verdades conquistadas com muito esforço. Rich chama isso de "tentar, como mulheres, ver a partir do centro" ou, uma política de fazer perguntas das mulheres.[11] Não são perguntas essencialistas, com base em alguma falsa alegação de uma definição biológica de feminilidade. Em vez disso, questões que emergem da experiência cotidiana corporificada daqueles que se incluem na categoria dinâmica e mutante de "mulheres". Para nós, a vida na cidade gera questões que por muito tempo ficaram sem resposta.

Como mulher, minhas experiências urbanas cotidianas estão profundamente ligadas ao gênero. Minha identidade de gênero molda como eu me movo pela cidade, como vivo meu cotidiano e as opções que estão disponíveis para mim. Meu gênero é mais do que meu corpo, mas meu corpo é o lugar da minha experiência, onde minha identidade, história e os espaços em que vivi se encontram, interagem e se escrevem na minha carne. Este é o espaço de onde escrevo. É o espaço onde minhas experiências me levam a perguntar: "Por que meu carrinho não cabe no bonde?", "Por que eu tenho que andar mais 800 metros para casa, porque o atalho é muito perigoso?", "Quem vai pegar meu filho no acampamento, se eu ficar presa em um protesto do G20?". Estas não são apenas questões pessoais. Elas começam a entender por que e como as cidades mantêm as mulheres "em seu lugar".

Comecei a escrever este livro no momento em que o movimento #MeToo eclodiu.[12] Na sequência de reportagens investigativas que expuseram abusadores e assediadores de longa data em Hollywood, uma onda de mulheres e vários homens se apresentaram para contar suas histórias sobre o flagelo do assédio sexual e de violência em locais de trabalho, esportes, política e educação. Somente quando Anita Hill se manifestou, os danos do assédio sexual geraram este nível de atenção na mídia, nas empresas e entre os políticos. Embora a retórica usada para desacreditar os sobreviventes e denunciantes não tenha mudado muito desde as audiências de Clarence Thomas, as (quase literais!) montanhas de provas contra os piores réus e a maioria das instituições misóginas estão convencendo muitas pessoas de que algo deve mudar.[13]

Os sobreviventes desse abuso denunciaram os efeitos duradouros de uma contínua violência física e psicológica a longo prazo. Suas histórias ressoam com a vasta literatura sobre o medo das mulheres nas cidades. A ameaça constante e de baixo grau de violência aliado ao assédio diário molda a vida urbana das mulheres de inúmeras maneiras conscientes e inconscientes. Assim como o assédio no local de trabalho afasta as mulheres de posições de poder e suprime suas contribuições para a ciência, política, arte e cultura, o espectro da violência urbana limita as escolhas, o poder e as oportunidades econômicas das mulheres. Assim como as normas da indústria são estruturadas para permitir o assédio, proteger os abusadores e punir as vítimas, os ambientes urbanos são estruturados para apoiar formas familiares patriarcais, mercados de trabalho segregados por gênero e papéis tradicionais de gênero. E embora gostemos de acreditar que a sociedade evoluiu além dos limites estritos de coisas como os papéis de gênero, as mulheres e outros grupos marginalizados continuam a ter suas vidas limitadas pelos tipos de normas sociais que foram construídas em nossas cidades.

As histórias das sobreviventes do #MeToo expõem a prevalência contínua do que as ativistas feministas chamam de "mitos do estupro": um conjunto de ideias falsas e de equívocos que sustentam o assédio sexual e a violência, em parte transferindo a culpa para as vítimas. Os mitos do estupro são um componente chave do que agora chamamos de "cultura do estupro". "O que você estava vestindo?" e "Por que você não denunciou?" são duas questões clássicas do mito de estupro que os sobreviventes do #MeToo enfrentam. Os mitos de estupro também têm uma geografia. Isso fica embutido no mapa mental de segurança e perigo que toda mulher carrega em sua mente. "O que você estava fazendo naquele bairro? Nesse bar? Esperando sozinha por um ônibus?", "Por que você estava andando sozinha à noite?", "Por que você pegou um atalho?". Antecipamos essas perguntas e elas moldam nossos mapas mentais tanto quanto qualquer ameaça real. Esses mitos sexistas servem para nos lembrar de que devemos limitar nossa liberdade de caminhar, trabalhar, se divertir e ocupar espaço na cidade. Eles dizem: a cidade não serve para você.

LIBERDADE E MEDO

Mais ou menos uma década depois daquele frenesi de alimentar os pombos, Josh e eu estávamos de volta a Londres, com idade suficiente para pegar o metrô para Tottenham Court Road e Oxford Street sozinhos. Nossos pais provavelmente só queriam desfrutar de algum tipo de experiência culturalmente edificante, sem que lhes perguntássemos quando iríamos fazer compras a cada cinco minutos. Como os pombos que agora você encontra zanzando de modo desenvolto pelo metrô até suas novas fontes de alimento favoritas, nós nos ensinamos a pensar e sentir nosso caminho pela cidade por conta própria. Muito antes dos smartphones, tínhamos apenas o mapa do metrô e nossos instintos para nos guiar. Nunca sentimos medo. As placas e anúncios sobre segurança e vigilância evocaram clipes de notícias distantes dos atentados do IRA, mas isso não era nada que pudesse afetar uma dupla de crianças canadenses em férias. No final da viagem, éramos (em nossas mentes) como pequenos exploradores urbanos experientes a apenas um ou dois passos de sermos verdadeiros londrinos.

Cerca de um ano antes dessa viagem, fomos pela primeira vez a Nova York. Isso deve ter sido em 1990, alguns anos antes que as políticas de "tolerância zero" do prefeito Rudy Giuliani acelerassem a reforma à la Disney da Times Square e de outros bairros famosos. Tínhamos um pouco de liberdade para percorrer juntos as grandes lojas da Quinta Avenida, mas não havia a chance de entrarmos no metrô sozinho aqui. Na verdade, acho que não pegamos o metrô sequer uma vez em toda a viagem, mesmo com nossos pais. Nova York era uma cidade feroz completamente diferente de Toronto ou Londres. Para nossos pais, a empolgação desta cidade estava associada a uma palpável sensação de ameaça que parecia muito mais real do que um ataque do IRA.

Acho que aprendi, então, que uma cidade – seus perigos, emoções, cultura, atração e muito mais – reside na imaginação e também em seu aspecto material. A cidade imaginada é moldada pela experiência, a mídia, a arte, as fofocas e nossos próprios desejos e medos. A corajosa e perigosa Nova York das décadas de 1970 e 1980 dominou as mentes de nossos pais. Não foi o que experimentamos em 1990, mas moldou o que sabíamos ou julgávamos que soubéssemos sobre o lugar. E, de fato, essa sugestão de perigo era atraente. Isso transformou Nova York em Nova York: não em Toronto, nem em Londres e, certamente, não em Mississauga. A energia e a atração da cidade se combinavam com a sensação de que tudo poderia acontecer.

Este sentimento misto de excitação e perigo, de liberdade e medo, de oportunidade e ameaça, contorna tanto o pensamento feminista e a escrita sobre as cidades. Já na década de 1980, meu próprio futuro orientador de doutorado afirmou corajosamente, "o lugar da mulher é na cidade".[14] Gerda Wekerle argumentava que apenas ambientes urbanos densos e ricos em serviços poderiam suportar as "duplas jornadas" de trabalho remunerado e não remunerado das mulheres. Ao mesmo tempo, sociólogos e criminologistas alertavam sobre o medo muito alto das mulheres em relação aos crimes urbanos, medo que não poderia ser explicado pelos níveis reais de violência de pessoas estranhas contra as mulheres.[15] Para ativistas feministas, atos de violência pública contra as mulheres desencadearam as primeiras demonstrações de "Take Back the Night" em cidades da Europa e da América do Norte em meados dos anos 1970.

No dia a dia, dizer "a cidade não é para mulheres" e "o lugar da mulher é na cidade" são ambas verdadeiras. Como atesta Elizabeth Wilson, as mulheres há muito migram para a vida urbana, apesar das hostilidades. Ela sugere que "talvez tenha havido uma ênfase exagerada no confinamento da feminilidade vitoriana na esfera privada", observando que mesmo nesta era de normas estritas de gênero, algumas mulheres foram capazes de explorar a cidade e assumir novos papéis como figuras públicas.[16] Danem-se os perigos. A cidade é o lugar onde as mulheres tinha, à sua disposição, opções que das quais nunca tinha ouvido falar nas pequenas cidades e nas comunidades rurais. Oportunidades de trabalho. Romper com as normas paroquiais de gênero. Evitando o casamento heterossexual e a maternidade. Buscar carreiras não tradicionais e cargos públicos. Expressando identidades únicas. Assumir causas sociais e políticas. Desenvolvimento de novas redes de parentesco e amizade em primeiro plano. Participar de artes, cultura e mídia. Essas opções são muito mais disponíveis para as mulheres nas cidades.

Menos tangíveis, mas não menos importantes, são as qualidades psíquicas da cidade: anonimato, energia, espontaneidade, imprevisibilidade e, sim, até perigo. Em *Villette*, de Charlotte Brontë, a heroína Lucy Snowe viaja sozinha para Londres e quando ousa correr "os perigos das travessias" ela experimenta "um prazer talvez irracional, mas um verdadeiro prazer".[17] Não estou tentando dizer que as mulheres gostam de sentir medo, mas que parte do prazer da vida urbana depende de sua incognoscibilidade inerente e da coragem de enfrentar esse desconhecido. Na verdade, a imprevisibilidade e a desordem podem vir a representar o "autenticamente urbano" para as mulheres que rejeitam a conformidade suburbana segura e os ritmos rurais repetitivos.[18] Claro, achar a desordem urbana excitante é um pouco mais fácil se você tiver meios de recuar quando quiser. Em todo caso, o medo dos crimes não afastou as mulheres das cidades. No entanto, é um dos muitos fatores que moldam a vida urbana das mulheres de maneiras específicas.

Este livro aborda as perguntas das mulheres sobre a cidade, olhando para o lado bom e o lado ruim, o que é divertido e o que é assustador, para sacudir o que acreditamos que sabemos sobre as cidades. Para ver as relações sociais da cidade – por gênero, raça, sexualidade, habilidade e muito mais – com novos olhos. Para iniciar a discussão sobre outros tipos de experiências urbanas menos visíveis.

Abrir espaço para pensar de forma criativa sobre o que pode gerar uma cidade feminista. Trazer a geografia feminista para o diálogo com os detalhes cotidianos de tentar sobreviver e progredir, lutar e ser bem-sucedida na cidade.

GEOGRAFIA FEMINISTA

Eu estava a caminho de uma das grandes conferências anuais sobre geografia em Chicago em 2004 quando li que a colunista antifeminista do Globe & Mail, Margaret Wente, também havia "descoberto" a geografia feminista.[19] como odiar os homens e conhecer as capitais de seu país são dois campos totalmente diferentes, quem poderia acreditar que a geografia feminista seria um assunto legítimo? Wente usou sua incredulidade para ilustrar a seus seguidores a afirmação regularmente reciclada de que as humanidades e as ciências sociais eram empreendimentos inúteis, cheios de disciplinas inventadas e de falsos acadêmicos.

O que não intencionalmente Wente não desejava entender é que a geografia acrescenta uma dimensão fascinante à análise feminista. Claro, você deve estar disposto a ir além de sua percepção de geografia do ensino médio: não se trata de colorir mapas ou memorizar continentes. A geografia trata da relação humana com nosso meio ambiente, tanto o construído pelo homem quanto o natural. Uma perspectiva geográfica de gênero oferece uma maneira de entender como o sexismo funciona na prática. O status de segunda classe das mulheres é imposto, não apenas por meio da noção metafórica de "esferas separadas", mas por meio de uma geografia de exclusão real e material. O poder e os privilégios masculinos são mantidos ao manterem os movimentos das mulheres limitados e restringirem sua capacidade de acessar espaços diferentes. Como diz a geógrafa feminista Jane Darke em uma de minhas citações favoritas: "Qualquer assentamento é uma inscrição no espaço das relações sociais na sociedade que o construiu. Nossas cidades são patriarcados escritos na pedra, no tijolo, no vidro e no concreto".[20]

Patriarcado escrito na pedra. Esta simples afirmação do fato de que os ambientes construídos refletem as sociedades que os constroem pode parecer óbvia. Em um mundo onde tudo, desde medicamentos a manequins de teste de colisão, coletes à prova de balas a balcões de cozinha, smartphones a temperaturas de escritório, são projetados, testados e definidos de acordo com os padrões determinados pelo corpo e pelas necessidades dos homens, isso não deveria ser uma surpresa.[21] O diretor de design urbano de Toronto, Lorna Day, descobriu recentemente que as diretrizes da cidade para os efeitos do vento pressupunham uma "pessoa padrão", cuja altura, peso e área correspondiam a um homem adulto.[22] Você nunca pensaria que o preconceito de gênero influencia a altura e a posição dos arranha-céus ou o desenvolvimento de um túnel de vento, mas ele está aí.

O que, às vezes, parece ainda menos óbvio é o inverso: uma vez construídas, nossas cidades continuam a moldar e a influenciar as relações sociais, o poder, a desigualdade e assim por diante. Pedra, tijolo, vidro e concreto não têm defensores, têm? Eles não estão conscientemente tentando defender o patriarcado, estão? Não, mas ajuda a definir a gama de possibilidades para indivíduos e grupos. Ajuda a manter algumas coisas que parecem normais e certas, e outras "fora do lugar" e erradas. Em suma, lugares físicos como as cidades são importantes quando queremos pensar sobre mudanças sociais.

O simbolismo de gênero do ambiente urbano construído é um lembrete de quem construiu a cidade. O artigo intitulado 1977 da arquiteta feminista Dolores Hayden, "Sedução do arranha-céu, estupro do arranha-céu", implode o poder masculino e as fantasias procriativas personificadas pelo desenvolvimento de estruturas urbanas cada vez mais altas. Ecoando os habituais monumentos masculinos ao poderio militar, o arranha-céu é um monumento ao poder econômico corporativo masculino. Hayden argumenta que a torre de escritórios é mais um acréscimo "à procissão de monumentos fálicos da história – incluindo postes, obeliscos, pináculos, colunas e torres de vigia", já que os arquitetos usavam a linguagem de base, poço e ponta e renderizavam edifícios que se projetavam para cima, ejaculando luz no céu noturno por meio de holofotes."[23] A fantasia fálica do arranha-céu, sugere Hayden, esconde a realidade da violência do capitalismo, manifestada nas mortes de operários da construção, falências e nos riscos de incêndio, terrorismo e colapso. Como diz a geógrafa feminista Liz Bondi, não se trata realmente do simbolismo do falo, mas, sim, de sua verticalidade um ícone de poder por meio do "caráter masculino do capital".[24]

A linguagem da arquitetura baseia-se na ideia de que gênero é uma oposição binária, com diferentes formas e características descritas como masculinas ou femininas.

Bondi sugere que essa codificação do ambiente construído "interpreta a diferença de gênero como 'natural' e, assim, universaliza e legitima uma versão particular de diferenciação de gênero".[25] Além das características arquitetônicas específicas, as normas de gênero são codificadas ainda mais por meio da separação dos espaços entre casa e trabalho, o público e o privado. A sub-representação contínua das mulheres nas profissões de arquitetura e de planejamento significa que as experiências das mulheres nesses lugares são provavelmente esquecidas ou baseadas em estereótipos desatualizados. No entanto, como nota Bondi, simplesmente "adicionar" mulheres à profissão ou considerar suas experiências é inadequado nas duas frentes. Uma vez que as experiências das mulheres são moldadas por uma sociedade patriarcal, suavizar as arestas dessa experiência por meio do design urbano não desafia o patriarcado em si. E, em segundo lugar, presumir a unidade entre as mulheres deixa de considerar outros marcadores importantes de diferença social.

Historicamente, a geografia feminista – como o feminismo acadêmico de forma mais ampla – preocupava-se em "adicionar mulheres" a uma disciplina dominada pelos homens. O título da intervenção clássica de Janice Monk e Susan Hanson, de 1982, fala alto sobre os preconceitos do campo: "Sobre não excluir metade do humano na geografia humana".[26] Mas a abordagem aditiva para tratar da exclusão sempre careceu de um poder transformador.

Nas décadas de 1970 e 1980, feministas negras, como Angela Davis, Audre Lorde e as mulheres do Coletivo Combahee River desafiaram o movimento feminino dominante a chegar a um acordo com as diferentes formas de opressão enfrentadas por mulheres fora da classe média heterossexual branca. O trabalho delas levou ao desenvolvimento do que hoje chamamos de teoria feminista interseccional, com base no termo cunhado pela estudiosa feminista negra Kimberlé Crenshaw em 1989 e posteriormente desenvolvido durante a década de 1990 por feministas negras, como Patricia Hill Collins.[27] A interseccionalidade levou a uma mudança radical na forma como o feminismo entendia as relações entre vários sistemas de privilégio e opressão, incluindo sexismo, racismo, classicismo, homofobia e capacidade social.

As geógrafas feministas enfrentaram um terreno especialmente rochoso em uma disciplina mergulhada em uma história de exploração, imperialismo e descobrimento. Os tropos coloniais masculinos de exploradores intrépidos que mapeavam o "novo mundo" ainda se propagam pelo campo da geografia. Os geógrafos urbanos procuram o próximo bairro interessante a ser estudado e o grupo social a ser classificado, enquanto os planejadores aspiram atingir o ápice das decisões técnicas, racionais e objetivas sobre como se deve viver nas cidades. Estudiosas urbanas feministas pressionaram para que as mulheres fossem reconhecidas como sujeitos urbanos válidos e, de certa forma, distintas. Mas seus primeiros trabalhos careciam de uma análise interseccional de como as relações de gênero se estabeleciam com raça, classe, sexualidade e capacidade.

Refazendo a trajetória percorrida pelo feminismo acadêmico em diversas disciplinas, as geógrafas feministas frequentemente recorreram às suas próprias experiências para explorar como o gênero se interligava com outras desigualdades sociais e o papel que o espaço desempenhava na estruturação de sistemas de opressão. O trabalho inicial de Gill Valentine, por exemplo, investigou o medo das mulheres da violência em espaços públicos, mas rapidamente evoluiu para examinar experiências lésbicas em espaços cotidianos, como nas ruas. Valentine enfrentou anos de assédio profissional por sua identidade lésbica, mas trabalhos como o dela abriram caminho para subáreas como geografias da sexualidade, geografias lésbicas e geografias gay e trans. Laura Pulido e Audrey Kobayashi basearam-se em suas experiências como mulheres negras na disciplina para chamar a atenção para a brancura da geografia e empurrar as feministas a examinar a brancura implícita por trás de seus tópicos de pesquisa e estruturas conceituais. Hoje, o trabalho de estudiosos como a geógrafa feminista negra Katherine McKittrick e a geógrafa feminista indígena Sarah Hunt continua a desafiar atitudes antinegras e coloniais persistentes que reaparecem em geografias urbanas feministas e críticas por meio de nossos discursos, métodos e escolha de espaços de pesquisa.[28]

Para mim, assumir uma posição feminista sobre as cidades é lutar contra um conjunto de relações de poder emaranhadas. Fazer "perguntas de mulheres" sobre a cidade significa perguntar sobre muito mais do que o gênero. Tenho que perguntar como meu desejo por segurança pode levar a um policiamento cada vez maior em comunidades negras. Tenho que perguntar como a minha necessidade de acesso ao carrinho pode funcionar em solidariedade às necessidades das pessoas com deficiência e idosos.

Tenho que perguntar como meu desejo de "reivindicar" o espaço urbano para as mulheres poderia perpetuar práticas coloniais e discursos que prejudicam os esforços dos povos indígenas para recuperar as terras tomadas e colonizadas. Fazer esse tipo de pergunta requer uma abordagem interseccional e algum nível de autorreflexão sobre a minha própria posição.

A partir do meu próprio corpo e das minhas próprias experiências significa partir de um espaço bastante privilegiado. Como mulher branca, cis e saudável, sei que, na maioria dos casos, tenho o tipo de corpo certo para me deslocar na cidade moderna pós-industrial, de lazer e de consumo. Falo inglês em um país dominado pelo inglês. Tenho cidadania formal em dois países. Minha condição de colono em terras indígenas raramente é questionada. Não sou cristã, mas ser judeu é comum no Canadá e não é visível para a maioria, embora o ressurgimento da retórica e da violência antissemita me faça digitar isso com um sentimento de cautela crescente. Em geral, como alguém que escreve sobre gentrificação para viver, estou ciente de que meu corpo é um marcador de "renovação" bem-sucedida, o que significa que um espaço é respeitável, seguro, de classe média e desejável.

Meu corpo também pode significar perigo ou exclusão para pessoas de cor, negros, pessoas trans, pessoas com deficiência, povos indígenas e outros para quem os espaços dominados pela brancura e corpos normativos não são acolhedores. Minha presença pode sugerir que uma reclamação mesquinha ao gerente, ou um telefonema sobre um risco de vida à polícia está a uma curta distância.

Meu conforto provavelmente será priorizado em relação à segurança deles por aqueles que estão ao meu redor e pela cidade em geral. Embora eu não possa mudar a maioria das características que me marcam dessa forma, posso estar ciente do que meu corpo significa e verificar o impulso de afirmar que posso e devo reivindicar todos os espaços urbanos para mim. Se minha presença levará a uma marginalização ainda maior de grupos que estão em permanente luta, então preciso considerar seriamente se minha presença ali é necessária.

Este privilégio corporificado não nega os medos e exclusões de gênero em minha vida. Em vez disso, os privilégios que tenho se cruzam e informam minhas experiências como mulher. Ao longo do livro, tento ser transparente sobre o que minha perspectiva parcial oferece e o que ela obscurece. Trabalhar com o compromisso de compreender que todo o conhecimento está localizado – ou seja, todo o conhecimento vem de algum lugar – exige que eu reconheça que mesmo onde sou (ou era) uma "insider", por exemplo, em Toronto, minha cidade natal, minha perspectiva não é definitiva.[29] Para muitas outras cidades sobre as quais escrevo, sou uma estranha, o que significa que devo me precaver contra a reprodução de estereótipos desleixados, ou imagens problemáticas de comunidades urbanas às quais eu não pertenço. Também tenho que ser explícita sobre o fato de que minhas experiências urbanas e minha experiência geográfica estão enraizadas em cidades do Hemisfério Norte e grupos de pesquisa ocidentais. Embora eu tenha buscado exemplos relevantes e estudos de caso em uma ampla gama de lugares, não sou capaz de fazer justiça às "questões femininas" oriundas do Hemisfério Sul ou de localidades asiáticas. Esse abismo é um problema persistente na geografia urbana feminista, que muitos identificaram como um desafio-chave para estudiosos do século XXI.[30]

Se leu minha biografia, deve ter notado, talvez com alguma perplexidade, que trabalho em uma pequena universidade no território de Mi'kma'ki, que é atualmente conhecido como leste do Canadá. Embora tenhamos cafés independentes, um bar moderno e até uma padaria sem glúten, Sackville, New Brunswick é uma cidade rural com cerca de cinco mil habitantes. Fica a cerca de quarenta quilômetros da cidade mais próxima, Moncton, cuja população caberia facilmente em um bairro de Londres. Não é exatamente um ponto turístico urbano. Os pombos que se amontoam no telhado do meu escritório são o elemento mais urbano para mim hoje. Eles atravessam o meu teto inclinado, arrulhando e brigando. A universidade está tentando se livrar deles, mas, obviamente, eu torço para que eles consigam se livrar dos seus algozes.

Moro aqui há dez anos. Quando me ofereceram um contrato de nove meses, quase o recusei depois que percebi como Sackville era minúscula. "Não posso morar lá", pensei. "Vou recusar amanhã". Era assim que a cidade se identificava comigo. Porém, depois de uma noite agitada percebi que, por mais que amasse Toronto, eu não deveria rejeitar um emprego em período integral. O contrato se estendeu para três anos e, finalmente, fui indicada e assumi o cargo. Dez anos. Tempo suficiente para que eu não a considere mais como uma mudança temporária de Toronto. Mas continuo uma geógrafa urbana e uma amante da cidade.

Por onde começar? Comece com o material. A questão do corpo. Adrienne Rich lista as particularidades de seu corpo – cicatrizes, gravidez, artrite, pele branca, sem estupros, sem abortos – como um lembrete de como seu corpo a mantém fundada em seu próprio ponto de vista, o que lhe permite sobre o que falar e escrever. O que meu corpo me permite falar e escrever? Eu poderia começar com meu corpo antes grávido, suando e nauseado em um trem indo para o norte de Londres. Poderia começar com meus ombros cansados e doendo por ter que empurrar um carrinho de bebê pelas ruas de Toronto tomadas de neve. Poderia começar com meus pés, descalçando feliz os meus sapatos quentinhos, pisando na grama fria do High Park, onde eu me deito enquanto as pessoas ficam olhando. Este ponto de encontro de corpos e cidades está no centro de "fazer perguntas femininas" e pensar sobre a "cidade feminista".

Em última análise, essas questões devem nos ajudar a imaginar e criar diferentes futuros urbanos. Desigualdade, violência e privação ainda assolam cidades em todo o mundo. Movimentos nacionalistas perigosos estão encontrando força em atos de terrorismo branco visando diversas comunidades urbanas. As mudanças climáticas estão trazendo sérios desafios às questões de onde e como vivemos. E os efeitos de todas essas questões estão muito interligados. Embora sejam necessárias mudanças em grande escala nos níveis individual e social, não precisamos inventar grandes visões universalizantes ou esquemas utópicos para começar a tornar as coisas diferentes e melhores. Já existem visões alternativas, tanto no design quanto na prática. De esquemas para tornar o transporte público mais seguro para mulheres a visões da abolição da polícia e das prisões, ativistas, acadêmicos e pessoas comuns há muito tempo sonham, teorizam e praticam diferentes maneiras de estar juntos nas cidades. Na verdade, todos nós temos a capacidade de fazer novos mundos urbanos – mundos urbanos feministas – mesmo que esses mundos durem apenas um instante, ou existam apenas em uma pequena área da cidade. Parte do desafio é reconhecer onde essas alternativas já estão em jogo e descobrir se elas podem ser ampliadas ou adaptadas a ambientes diferentes. Neste livro, compartilharei uma variedade desses tipos de projetos, tanto antigos quanto novos. Minha esperança é que possa aprender a ver essas alternativas in loco, ter as suas conversas sobre gênero, feminismo e vida na cidade e encontrar as suas formas de agir para fazer com que as cidades se tornem diferentes.

CAPÍTULO 1

CIDADE
DAS
MÃES

Se alguma vez já esteve grávida, a "proximidade geográfica" se torna realmente estranha, de forma rápida. De repente, você se torna o ambiente do outro. E tudo em relação a como seu corpo se move pelo mundo e como é visto pelos outros está prestes a mudar.

Eu estava grávida de minha filha Maddy durante um inverno londrino tipicamente sombrio e o que me pareceu uma primavera e um verão excepcionalmente quentes. Eu tinha um emprego de meio período em Kentish Town. Meu trajeto a partir de Finchley Central era de apenas cinco paradas de metrô, mas, na maioria das vezes, parecia interminável. Quando eu trabalhava no período da manhã, meu enjoo me forçava a sair do vagão em Archway, onde eu me arrastava até conseguir sentar num banco até acalmar meu estômago antes de embarcar com todo o cuidado em outra composição. Antes que minha gravidez se tornasse visível, não havia modo de me oferecerem um lugar para sentar, não importa o quanto eu estivesse nauseada. Essa falta de cordialidade não melhorou muito, mesmo depois quando a barriga já estava grande.

Eu estava determinada a ser uma daquelas grávidas que continuavam a viver normalmente como se nada tivesse mudado. Isso foi muito antes de Serena Williams vencer um torneio do Grand Slam durante a gravidez, mas eu estava canalizando esse tipo de espírito. Eu era uma recém-graduada em estudos femininos com meu próprio exemplar de *Our Bodies, Ourselves*. Eu estava preparada para ser feroz e seguir meus princípios feministas diante da profissão médica misógina e patológica. Logo descobri que, como as parteiras ainda dominavam os cuidados pré e pós-natal na Grã-Bretanha, minha raiva contra o sistema foi um pouco mal direcionada. Mas eu não estava preparado para o modo como meu lugar na cidade estava mudando.

Eu ainda não havia ouvido falar sobre "geografia feminista", mas certamente era uma feminista, e meu eu feminista se eriçava a cada passo. Meu corpo, de repente, se tornou propriedade pública, pronto para ser tocado ou comentado. Meu corpo se tornou um grande inconveniente para os outros, e não se importavam que eu soubesse disso. A nova forma do meu corpo tirou meu anonimato e invisibilidade na cidade. Eu não conseguia mais me misturar, sumir na multidão, pois as pessoas ficavam me olhando. E eu era quem estava sendo observada.

Eu não sabia quanto eu valorizava essas coisas até elas sumirem. Elas também não reapareceram num passe de mágica depois que minha filha nasceu. Gravidez e maternidade tornaram a cidade de gênero visível para mim em alta definição. Raramente eu tive tanta consciência do meu corpo. Claro, meu gênero está encarnado, mas sempre esteve ali. A gravidez era algo novo e me fez ver a cidade de um modo novo. A conexão entre a encarnação e minha experiência da cidade tornou-se muito mais visceral. Embora eu tenha experimentado o assédio e o medo nas ruas, não tinha noção de quão tudo era profundo, sistêmico e geográfico.

A FLANADORA

Como mulher, um anonimato ou invisibilidade completos na cidade nunca existiu totalmente para mim. A constante antecipação do assédio significava que a minha capacidade de passar incógnita pela multidão era sempre passageira. No entanto, privilégios como ter pele branca e boa saúde me deram um pouco de invisibilidade. Misturar-se à multidão urbana, atravessar livremente as ruas e participar de uma plateia neutra, porém amistosa, têm sido considerado como verdadeiros ideais urbanos desde a explosão do crescimento populacional nas cidades industriais. A figura do *flâneur*, que surge com destaque na escrita de Charles Baudelaire, é um cavalheiro como de um "espectador apaixonado" da cidade, que busca "tornar-se unir-se à carne da multidão", no centro da ação e ainda assim invisível.[31] Walter Benjamim, filósofo e escritor sobre a vida urbana, cristalizou ainda mais o *flâneur* como um personagem urbano essencial na cidade moderna, e sociólogos urbanos, como Georg Simmel, localizaram traços como uma "atitude blasé" e a capacidade de ser anônimo como inerentes à nova psicologia urbana.[32] Não é de se estranhar que, dadas as perspectivas desses escritores, o *flâneur* sempre foi imaginado como um homem, para não se mencionar aquele que seja branco e saudável.

O *flâneur* poderia ser uma mulher? As escritoras urbanas feministas se dividem aqui. Alguns veem o modelo do *flâneur* como um tropo excludente da crítica; outros, como uma figura a ser recuperada. Para aqueles que rejeitam a ideia, as mulheres nunca podem se esconder totalmente na invisibilidade, porque seu gênero as marca como objetos do olhar masculino.[33] Outros dizem que o *flâneur* feminino sempre existiu. Chamando-a de *flâneuse*, esses escritores apontam para exemplos como Virginia Woolf. No ensaio de V. Woolf, de 1930, "Assombros na rua: uma aventura em Londres" ["Street Haunting: A London Adventure"], a narradora imagina vislumbres na mente de estranhos enquanto caminha pelas ruas de Londres, refletindo que "esconder-se é o maior dos prazeres; rua assombrada no inverno, a maior das aventuras".[34] Em seu diário, Virginia Woolf escreveu "andar sozinha em Londres é o maior descanso", o que implica que ela encontrou uma medida de paz e de distanciamento entre as multidões cada vez maiores.[35] A geógrafa Sally Munt propôs a ideia da *flâneur* lésbica como uma personagem urbana que evita o caminho usual do olhar heterossexual e encontra prazer em observar outras mulheres.[36]

Lauren Elkin tenta recuperar a história invisível da *flâneuse* em seu livro *Flâneuse: Women Walk the City* [*Flanadoras: Mulheres que andam pela cidade*]. Elkin argumenta que as mulheres têm sido, simultaneamente, hipervisíveis e invisíveis nas ruas. Sempre soube, embora escrito a partir de relatos da vida urbana. Ela descreve suas próprias experiências juvenis de *flânerie* nas ruas de Paris muito antes de saber que isso tinha um nome: "Eu caminhava por horas em Paris e nunca 'chegava' a lugar nenhum, olhando para a forma como a cidade foi construída, vislumbrando sua história não oficial aqui e ali, eu estava à procura de resíduos, de texturas, de acidentes e encontros e situações inesperadas".[37] Elkin insiste que a relutância de homens como Baudelaire, Benjamin e Simmel em imaginar um *flâneur* feminino vem de sua incapacidade de perceber mulheres agindo de formas que não se encaixavam em suas noções preconcebidas. As mulheres que andavam nas ruas eram mais propensas a serem julgadas como mulheres da rua (prostitutas) do que como mulheres que estivessem fora de casa por qualquer outro motivo. Mas Elkin escreve: "Se voltarmos no tempo, descobriremos que sempre houve uma *flâneuse* passando por Baudelaire na rua".[38]

Eu tenho que me perguntar, porém, alguma vez a *flâneuse* está grávida ou empurrando um carrinho de bebê? O vídeo "Stroller Flâneur" da artista e estudiosa Katerie Gladdys brinca com a palavra *stroller* (um sinônimo para *flâneur*), pois a retrata empurrando um carrinho de bebê pelo bairro de Gainesville, na Flórida. Como a mãe *flâneuse*, ela procura por "padrões e narrativas nas genealogias de estruturas arquitetônicas e topografias enquanto procura por itens de interesse para [seu] filho". Gladdys afirma que "a performance de passear uma criança é, sim, um dos processos sociais de habitar e se apropriar dos espaços públicos" da cidade. Embora eu concorde, e eu diria que mães empurrando carrinhos de bebê são invisíveis à sua maneira, elas geralmente não são associadas à figura clássica do *flâneur*.[39]

E mesmo a *flâneuse* recuperada ainda habita um corpo "normal", capaz de se mover de um modo comum pelas ruas. Nenhum dos escritores que falam sobre *flâneuserie* menciona o corpo grávido. Embora nem todos os que vivenciam uma gravidez sejam mulheres (por exemplo, homens trans), é certamente um estado repleto de suposições de gênero. Se já era um exagero imaginar a versão feminina do *flâneur*, então a ideia de uma *flâneur* grávida provavelmente está além dos limites.

UM CORPO PÚBLICO

É impossível se misturar quando seu corpo, de repente, se tornou propriedade pública. Embora as mulheres frequentemente experimentem comentários sobre nossos corpos e contatos físicos indesejados, a gravidez e a maternidade elevam essas intrusões a um novo nível. As pessoas veem minha barriga protuberante como se dissesse: "Esfregue aqui, por favor!" Esperava-se que eu recebesse com alegria todos os tipos de conselhos não solicitados e expressasse as quantidades apropriadas de vergonha e remorso por qualquer lapso em seguir as resmas de dicas "especializadas" muitas vezes contraditórias sobre alimentação, bebida, vitaminas, exercícios, trabalho, etc. Eu não era mais um indivíduo que fazia minhas próprias escolhas. Era como se tivessem recebido autorização para fazer comentários sem meu consentimento

Tudo isso me tornou extraordinariamente consciente do meu corpo, e não de uma maneira agradável. Se a atitude blasé do ser urbano em relação aos outros é o que permite a cada um de nós manter algum senso de privacidade na multidão, sua perda me fez sentir bastante pública. Fiquei envergonhada com a ostentação da minha barriga, empurrando de forma grosseira minha biologia íntima para a esfera pública civilizada. Eu não queria brilhar. Eu queria me esconder. Eu não estava tentando disfarçar minha gravidez, mas fui superada por um desejo de modéstia que nenhuma quantidade de positividade corporal feminista poderia abalar. Meus amigos adoravam me provocar sobre o número de tops cortados em meu guarda-roupa, mas eu nunca poderia usar uma camisa que deixasse minha barriga exposta nem um pouco durante a gravidez. Eu estava tentando colocar uma barreira entre mim e os muitos estranhos que se sentiam à vontade para comentar ou tocar meu corpo? Era parte da minha vergonha desconcertante por ser um animal tão obviamente biológico? Eu tinha, sem saber, abraçado a divisão cartesiana mente-corpo por tanto tempo que a assertividade repentina do meu corpo me fez duvidar de tudo que eu sabia sobre mim?

Talvez ironicamente, o fascínio das pessoas estranhas em relação ao meu corpo não se traduziu em aumento de cortesia urbana. Na verdade, eu era constante e subliminarmente lembrada de que agora eu estava diferente, era outra e estava deslocada. Isso era mais óbvio para mim no metrô, onde raramente me ofereciam um lugar para sentar durante meu trajeto na hora do rush. Executivos elegantes enterravam a cara nos jornais, fingindo que não estavam me vendo. Uma vez, cedi meu lugar para uma mulher que estava ainda mais grávida do que eu antes que alguém nos notasse. Anna Quindlen conta uma história idêntica sobre estar grávida em Nova York, oferecendo seu assento a uma mulher que "parecia estar a caminho do hospital". "Eu amo Nova York", escreve Quindlen, "mas é um lugar difícil para estar grávida. Não há privacidade em Nova York; todos se opõem contra todos e se sentem compelidos a dizer o que pensam".[40] Mulheres grávidas compartilham esse tipo de história com um risinho irônico, como velhas histórias de guerra, como se fossem ritos de passagem quando se está grávida na cidade. Como se não se pudesse esperar outra coisa ao ousar sair de casa com seu corpo mal-ajambrado e inconveniente.

Meus esforços para recuperar o espírito da *flâneuse* foram retomados depois que Maddy nasceu. Maddy dormiria muito mais tempo se estivesse amarrada a um suporte junto ao meu peito. Eu traçaria uma rota até um Starbucks recém-inaugurado com meu conhecido livro de mapas de Londres de A-Z e sairia para um simples lanche: um café com leite e um ambiente novo. Essas interrupções na rotina exaustiva de alimentar, balançar, dar banho e assim por diante pareciam dar um pouquinho de liberdade. Quase me lembrei do que era ser jovem na cidade antes de ter um bebê. Às vezes, essas saídas transcorriam bem, às vezes, não. Minhas tentativas de ser a mãe *flâneuse* eram continuamente interrompidas pela complicada biologia de um recém-nascido. Lugares que costumavam ser acolhedores e confortáveis agora me faziam sentir como uma estranha, uma extraterrestre com seios empapados e um bebê barulhento e fedido. É difícil ser um observador imparcial quando os atos carnais e físicos da maternidade estão à mostra. Eu queria passar indiferente a tudo isso, acredite. Enquanto Maddy cochilava, eu quase podia fingir que não estava beirando um desastre aquoso. Quando ela acordou, com fome ou suja, corria para o banheiro público para garantir que ninguém tivesse que testemunhar a realidade natural da maternidade.

Eu nunca percebi como era ousado fazer coisas como amamentar em público. Eu sabia intelectualmente que tinha "permissão" para amamentar meu bebê em qualquer lugar, mas a ideia me fez estremecer. A estranha mistura de reações do meu corpo que experimentei durante a gravidez me ensinou que eu nunca poderia prever como me fariam sentir. Era chocante ser admirada e rejeitada ao mesmo tempo. Eu era uma figura divina que precisava de proteção, mas também estava fora do lugar e ocupava o espaço de um modo que incomodava as outras pessoas. O fato de que existirem notícias sobre mulheres solicitadas a deixar locais públicos quando estão amamentando de forma regular – sendo a amamentação protegida pelas leis de direitos humanos no Canadá – sugere que o lugar adequado para que as mães amamentem seus filhos continua sendo em casa.

Quando eu me comportava de modo correto, contendo meu corpo e cuidando do meu bebê de modo a satisfazer dezenas de pessoas estranhas ao mesmo tempo, eu recebia sorrisos e ajuda. No instante em que me tornei muito espaçosa, muito barulhenta, muito corpulenta, lançavam-me olhares furiosos, faziam comentários maliciosos e, às vezes, sofria agressões físicas. Houve um homem que me empurrava na fila do supermercado.

Quando lhe pedi para parar, ele me disse para "tirar meu maldito carrinho fora do caminho". Houve uma mulher num ônibus incrivelmente lotado que me chamou de mãe descuidada, por Maddy acidentalmente ter pisado em seu pé. Houve uma vendedora de uma loja de departamentos em Toronto que me disse para esperar enquanto ela terminava de atender um cliente quando corri até o balcão, porque Maddy havia sumido de vista. Obviamente, minha filha foi encontrada, mas apenas graças à outra mãe que entrou em ação quando viu que eu estava em pânico. Esse nível de grosseria não acontecia todos os dias, mas por trás de toda essa hostilidade social estava o fato de que a própria cidade, sua própria forma e função, foi criada para tornar minha vida terrivelmente difícil. Estava habituada a estar atenta em relação ao meu ambiente em termos de segurança, que tinha muito mais a ver com quem estava no ambiente do que com o ambiente em si. Agora, porém, a cidade queria me caçar. Barreiras que o meu eu jovem e saudável nunca havia se deparado estavam de repente me atacando a cada esquina. A liberdade que a cidade antes havia apresentado parecia uma antiga lembrança.

O LUGAR DA MULHER

Enquanto eu tentava cumprir uma série de rotinas diárias como mãe de primeira viagem, a cidade se tornou uma força com que eu tinha de estar permanentemente em luta. A cidade não deveria ser o lugar onde as mulheres conseguiriam conciliar melhor as demandas de suas duplas ou triplas jornadas de reprodução social, trabalho remunerado, escola e uma miríade de outros papéis? Meu orientador de doutorado não declarou que "o lugar da mulher é na cidade"?[41] Se isso fosse verdade, por que todos os dias parecia uma batalha contra um inimigo invisível e ao mesmo tempo presente ao meu redor?

É verdade que eu poderia caminhar até o supermercado, o café, os parques e muitos outros lugares que precisasse ir. Eu podia pegar o metrô até a escola e a estação mais próxima ficava à pouca distância. Havia centros comunitários e escolas com programas para crianças pequenas. A creche de Maddy ficava razoavelmente próxima. Eu poderia me locomover sem carro. Em comparação aos subúrbios, este tipo de densidade urbana ofereceu muito mais formas de gerenciar a maternidade, a pós-graduação e as atividades domésticas. Na verdade, o que Gerda Wekerle (minha supervisora) estava respondendo quando escreveu "o lugar da mulher é a cidade", na década de 1980, foi o pesadelo da vida suburbana.

É claro que há uma longa história de críticas feministas aos subúrbios. O diagnóstico de Betty Friedan de 1963 do "problema sem nome" incluiu uma crítica contundente da vida suburbana:

> Cada esposa suburbana luta com isso sozinha. Enquanto arrumava as camas, comprava comida, procurava material para encapar cadernos, comia sanduíches de pasta de amendoim com os filhos, servia de motorista para escoteiros e fadinhas, ficava deitada ao lado do marido à noite, tinha medo de fazer a si mesma a inaudível pergunta: "É só isso?".[42]

De *The Stepford Wives* a *Desperate Housewives*, de *Weeds* a *Mad Men*, a vida suburbana gerou inumeráveis estereótipos. A dona de casa movida a Valium, a mãe superprotetora, a dona de casa que tem uma vida secreta, etc. E não há pouco a se criticar em termos de estilo de vida, papéis de gênero e desigualdade racial e de classe. Mas as geógrafas feministas também estavam olhando para a vida nos subúrbios, sua forma, projetos e arquitetura como fontes fundamentais do "problema sem nome".

Hoje, consideramos os subúrbios como uma espécie de crescimento orgânico das grandes cidades e o resultado da necessidade natural de haver mais espaço e construir casas de família maiores. No entanto, os subúrbios são tudo menos naturais. O desenvolvimento suburbano cumpriu agendas sociais e econômicas extremamente específicas. Desde fornecer a tão necessária moradia para os soldados que retornaram e suas famílias em crescimento até dar um impulso ao setor manufatureiro do pós-guerra, os subúrbios foram um componente essencial de um plano para sustentar o crescimento econômico, especialmente após a Segunda Guerra Mundial. Na América do Norte, os programas governamentais que facilitam a compra de casa própria nos transformaram em nações de proprietários, vinculando os trabalhadores às suas hipotecas, em uma mudança que alguns achavam que produziria uma sociedade mais conservadora e, o que é mais importante, anticomunista. O setor imobiliário residencial tornou-se um dos componentes mais significativos da economia do século XX – tão significativo que, quando o setor habitacional dos EUA foi prejudicado por práticas de crédito arriscadas em 2007, desencadeou uma crise econômica global. Talvez o mais crítico, como observa a arquiteta feminista Dolores Hayden, "casas unifamiliares suburbanas tornaram-se inseparáveis do sonho [norte-]americano de sucesso econômico e mobilidade em ascensão. Sua presença permeia todos os aspectos da vida econômica, social e política".[43]

O papel econômico do desenvolvimento suburbano era essencial, mas também havia uma agenda social, que afetaria maciçamente as relações de raça e gênero. Nos EUA, o boom suburbano após a Segunda Guerra Mundial coincidiu com um período em que milhões de afro-americanos estavam deixando o sul rural em busca de melhores oportunidades nas cidades industriais do norte. O rápido aumento da população negra dessas cidades testou as atitudes tolerantes do norte "progressista". Muitas famílias brancas preferiram fugir para os subúrbios em um fenômeno que ficou conhecido como "fuga branca". Na verdade, muitos dos primeiros subúrbios produzidos em massa, como os famosos Levittowns, eram explicitamente "apenas para brancos". A longo prazo, esse padrão significava que as comunidades não brancas ficavam confinadas aos centros urbanos decadentes, subfinanciados e super policiados e negadas as oportunidades de acumulação de riqueza por meio da propriedade de uma casa. Este é um fator importante na continuidade dos padrões urbanos de segregação racial e disparidade de riqueza até o século XXI.[44]

Se os efeitos raciais do desenvolvimento suburbano perduram até hoje, o mesmo ocorre com os efeitos de gênero. Hayden explica de forma sucinta: "Os construtores argumentaram que um tipo específico de casa ajudaria o veterano a mudar de um ás da aviação agressivo para um vendedor ambulante que apara sua grama. Essa casa também ajudaria uma mulher a mudar de "Rosie, a Rebitadora", para uma tranquila dona de casa".[45] A propaganda do pós-guerra era explícita sobre a necessidade de as mulheres deixarem seus empregos nas fábricas durante o período de guerra para os homens que retornavam, e a casa suburbana era o "acerto" perfeito para restabelecer a norma dos papéis de gênero. Ao fornecer uma solução espacial para a ampliação temporária dos horizontes das mulheres, a divisão entre os trabalhos público-privado, remunerado-não remunerado, poderia ser restabelecida "naturalmente" entre os sexos.

O estilo de vida suburbano pressupunha e exigia, para funcionar adequadamente, um núcleo de família heterossexual com um adulto trabalhando fora e outro dentro de casa. Casas grandes, isoladas do trânsito e de outros serviços, exigiam que a esposa e mãe que ficava em casa desempenhasse o papel de zeladora doméstica em tempo integral, supervisionando a casa e administrando as necessidades do ganha-pão e dos filhos. Como afirma a planejadora feminista Sherilyn MacGregor, essa forma construída "criou uma infraestrutura duradoura para a divisão de trabalho [de gênero]", que pressupõe a tradicional família nuclear heterossexual.[46]

Hayden afirma que apenas uma pequena fração das famílias inclui o único provedor/dona de casa desempregada com filhos menores. Na verdade, esse modelo provavelmente sempre foi uma pequena quantidade de famílias e raramente representou a vida de mulheres negras e da classe trabalhadora. No entanto, a paisagem residencial predominante é projetada com esse ideal. Como o ambiente construído é durável por longos períodos, estamos presos a espaços que refletem realidades sociais desatualizadas e imprecisas. Isso, por sua vez, molda como as pessoas vivem suas vidas e a gama de escolhas e possibilidades abertas para elas.

Durante um de meus discursos mais frequentes sobre isso, um amigo me acusou de dar aos subúrbios "atuação demais" neste exemplo. Então, deixe-me esclarecer: os subúrbios não estão tentando conscientemente manter as mulheres na cozinha e fora do local de trabalho, mas, dadas as premissas em que se baseiam, os subúrbios irão impedir ativamente (senão de forma atuante) as tentativas de gerenciar diferentes formas familiares e de trabalho. O isolamento, o tamanho da casa da família, a necessidade de vários carros e as demandas de creches podem continuar a empurrar as mulheres para fora do local de trabalho ou para empregos de meio período que pagam menos, o que geralmente lhes permite conciliar as responsabilidades da vida suburbana. Raramente a carreira do provedor masculino é sacrificada ou reduzida. Afinal, dada a longa disparidade salarial entre homens e mulheres, não faz sentido limitar o potencial de ganho do homem. Dessa forma, os subúrbios continuam a apoiar e naturalizar certos tipos de papéis de gênero na família heterossexual e no mercado de trabalho.

O ACERTO DA CIDADE

Gerda Wekerle e muitos outros argumentaram que, em relação aos subúrbios, as cidades ofereciam perspectivas muito melhores para as mulheres que trabalhavam fora de casa e que precisavam lidar com vários papéis conflitantes. Para famílias chefiadas por mulheres, "sua própria sobrevivência", argumenta Wekerle, depende "de uma ampla rede de serviços sociais frequentemente encontrados apenas nas áreas centrais da cidade".[47] Pesquisas das décadas de 1970 e 1980 revelaram que as mulheres usam a cidade com mais intensidade do que os homens, estão "mais envolvidas com o trabalho, a vizinhança e as atividades culturais do que as mulheres suburbanas e muitas dessas oportunidades são perdidas quando elas se mudam para o subúrbio".[48] No início dos anos 1960, a famosa crítica de planejamento urbano, Jane Jacobs, desafiou a ideia predominante de que os subúrbios eram um bom lugar para mulheres e crianças. Ela notou o isolamento, a ausência de pessoas nas ruas e a dependência do veículo como preocupações que afetavam particularmente as mulheres, ao mesmo tempo que contribuíam para o declínio da esfera pública em geral.[49]

A cidade, no entanto, não é uma solução mágica para essas preocupações. Deixar de lado a questão de se tornar mais fácil para as mulheres assumirem encargos domésticos desproporcionais é o objetivo final; as cidades ainda contêm barreiras múltiplas. As cidades são baseadas nos mesmos tipos de normas e instituições sociais assumidas como os subúrbios. O geógrafo Kim England diz que os papéis de gênero são "fossilizados na aparência concreta do espaço. Consequentemente, a localização de áreas residenciais, locais de trabalho, redes de transporte e o layout das cidades em geral refletem a expectativa de uma sociedade capitalista patriarcal de quais tipos de atividades ocorrem, onde, quando e por quem".[50] Todas as formas de planejamento urbano se baseiam em um conjunto de suposições sobre o cidadão urbano "típico": seus planos de viagem diários, necessidades, desejos e valores. Chocantemente, este cidadão é um homem. Um marido e pai provedor, fisicamente apto, heterossexual, branco e do gênero cis. Isso significa que, embora as cidades tenham muitas vantagens em relação aos subúrbios, elas certamente não foram construídas com o objetivo de tornar mais fácil administrar a "dupla jornada" de trabalho remunerado e não remunerado das mulheres.

Podemos ver isso na forma como o transporte público foi criado, principalmente desde o surgimento dos subúrbios. A maioria dos sistemas de transporte público urbano é projetada para acomodar a hora do rush típico de um trabalhador de escritório das nove às cinco. O pouco trânsito que existe nos subúrbios é projetado para transportar esse passageiro em uma direção específica em um momento específico. Todo o sistema assume uma viagem linear sem desvios ou múltiplas paradas. E isso tem funcionado muito bem para o passageiro masculino comum.

No entanto, a pesquisa mostra que os deslocamentos das mulheres são muitas vezes mais complexos, refletindo os deveres em camadas e às vezes conflitantes do trabalho remunerado e não remunerado.[51] Uma mãe com dois filhos pequenos usa o ônibus local para deixar um filho na creche às oito, em seguida, volta para deixar a outra criança na escola às oito e meia. Ela pega o trem correndo para o trabalho às nove. Na volta para casa, a jornada é revertida, com uma parada extra para pegar os ingredientes que faltam para o jantar e um pacote de fraldas. Agora carregada de pacotes, um carrinho de bebê e uma criança pequena, ela luta para pegar o ônibus lotado para, finalmente, chegar em casa. Muitos sistemas de transporte vão forçá-la a pagar várias vezes por essa viagem e pelos filhos também. Se ela mora no subúrbio, pode até ter que pagar para usar diferentes sistemas municipais. Uma pesquisa recente descobriu que o transporte é outra área em que as mulheres pagam um "imposto cor-de-rosa" (pagando mais por serviços semelhantes aos dos homens). As mulheres são mais propensas a depender do transporte público do que os homens, embora sejam mais mal atendidas por ele. A pesquisa de Sarah Kaufman mostrou que na cidade de Nova York, por exemplo, as mulheres que cuidam de crianças podem pagar até 76 dólares a mais por mês de transporte.[52]

Quando me tornei mãe, rapidamente percebi que usar o transporte público com um carrinho de bebê em Londres era uma piada. Embora muitas estações de metrô tenham elevadores por serem mais profundas, apenas 50 das 270 estações são acessíveis.[53] Escadas em curva, degraus aleatórios, escadas rolantes íngremes, curvas fechadas, túneis estreitos e, claro, milhares de passageiros e os turistas tornam a circulação pelo sistema uma aventura. Uma de nossas primeiras grandes saídas com a recém-nascida Maddy foi ir a uma loja de móveis de bebê (como uma loja de móveis para usar em casa, mas com coisas de bebê).

Tínhamos um carrinho de bebê grande e confortável, do tipo ainda comum no Reino Unido e na Europa, que encontramos em uma loja beneficente. Poderia muito bem ser uma nave espacial, é por isso que estava fora do lugar em nossa jornada. Essa foi a primeira e a última vez que usamos o carrinho. Aprendemos que a única maneira acessível de andar pela cidade com um bebê era carregá-la amarrada no canguru.

De volta a Toronto, Maddy estava ficando rapidamente grande demais para o porta-bebê. Não havia como evitar levar o carrinho no TTC. Na época, nenhuma das minhas estações locais tinha elevadores ou mesmo escadas rolantes. Cada vez que eu queria descer a escada, tinha que ficar no topo e esperar que alguém se oferecesse para ajudar. Carregamos o carrinho de forma desajeitada e um insegura, ocupando muito espaço e atrasando a passagem de todo mundo. Depois que Maddy ficou grande o suficiente, eu a coloquei no carrinho mais compacto possível, leve o suficiente para carregá-lo de lado. Não era o ideal, mas foi melhor do que quando um homem insistiu em me ajudar e acabou rolando as escadas. Felizmente, ele largou o carrinho antes cair de costas. Fiquei mortificada, embora ele tenha saído são e salvo. A jovem mãe Malaysia Goodson não teve tanta sorte. Ela morreu após tropeçar na escada em uma estação de metrô em Nova York enquanto carregava a filha em um carrinho de bebê. Embora sua morte não tenha sido provocada pela queda, esse momento perigoso aponta um "cenário de pesadelo" que os pais arriscam todos os dias em sistemas de transporte público lotados e inacessíveis.[54]

A arquiteta e mãe novata, Christine Murray, pergunta: "Como seriam as cidades se fossem projetadas por mães?".⁵⁵ As questões de trânsito são importantes em sua discussão, pois ela se lembra de ter chorado quando sua estação de metrô mais próxima foi reformada sem elevador. Ela também lamenta a falta de espaço nos ônibus para cadeiras de rodas, relacionando a falta de acessibilidade das mães aos problemas enfrentados por idosos e pessoas com deficiência. Cada aspecto do transporte público me lembrava que eu não era o usuário imaginário ideal. Escadas, portas giratórias, catracas, sem espaço para carrinhos de bebê, elevadores e escadas rolantes quebrados, comentários grosseiros, clarões: tudo isso me disse que a cidade não foi projetada para pais e filhos. Percebi, timidamente, que, até enfrentar essas barreiras, raramente considerava as experiências de pessoas com deficiência ou idosos que ainda são pior acomodados. É quase como se presumíssemos que todos nós queremos ou não precisamos de acesso ao trabalho, espaço público ou serviços da cidade. Melhor ficar em casa e nas instituições às quais pertencemos.

A ideia de que o projeto, o financiamento e a programação dos sistemas de transporte coletivo são questões de igualdade de gênero teve pouca aceitação, apesar do trânsito ser uma área importante do ativismo urbano das mulheres. Em 1976, mulheres na cidade de Whitehorse, no norte do país, desenvolveram o primeiro sistema de transporte de massa do Yukon (quatro micro-ônibus) como uma resposta à falta de acesso a empregos bem pagos que as mulheres enfrentavam na cidade fria e extensa.⁵⁶ Em 2019, moças de uma colônia de reassentamento de favela no sul de Delhi gravou um rap sobre suas vidas urbanas, abordando uma de suas maiores preocupações: "a ausência de um transporte seguro e acessível".[57] Principalmente, aqueles que administram sistemas de transporte de massa mostraram uma ignorância prática sobre as necessidades das mulheres. Quando uma passageira que ia para o trabalho em Londres em 2014 foi forçada a se sentar no chão quando os passageiros lhe recusaram um lugar para se sentar, apesar de ter pedido diretamente, ela reclamou à empresa ferroviária. Eles sugeriram que, se ela se sentisse mal, poderia puxar a corda de emergência ou simplesmente evitar trafegar durante a hora do rush.[58]

A MATERNIDADE GENTRIFICADA

Quando nos mudamos de volta para Toronto, os aluguéis altos me empurraram para mais longe do centro da cidade do que eu gostaria, mas, pelo menos, tive acesso às compras e aos serviços do meu bairro, certo? Verdade, mas o que comecei a perceber é que essas conveniências decorriam em parte do fato de que meu bairro estava nos estágios iniciais de gentrificação. A gentrificação é basicamente o processo pelo qual a classe trabalhadora e os bairros de baixa renda são assumidos por famílias e empresas de classe média. Existem muitas causas e formas de gentrificação, mas a minha vizinhança – Junction – estava passando por uma espécie de transição em câmera-lenta quando me mudei para lá no início de 2000. Minhas "amenidades" locais incluíam uma loja de vídeos Blockbuster e uma mercearia No-Frills. Havia alguns *playgrounds*, mas, pelo menos, um estava normalmente cheio de lixo e agulhas. Ainda assim, eu poderia caminhar até a principal rua comercial para a maioria de nossas necessidades básicas, e as coisas ainda não estavam muito caras.

Os primeiros escritos feministas sobre gentrificação observaram que um movimento de "volta para a cidade" para famílias de classe média funciona como uma solução geográfica para os problemas que as mulheres enfrentam para fazer malabarismos entre o trabalho e a casa.[59] Quando as mulheres entraram na força de trabalho profissional de maior remuneração em maior número, adiaram a idade de casar e ter filhos e até optaram por sair da família heterossexual, elas buscaram ambientes urbanos que pudessem acomodar suas necessidades e fornecer-lhes os serviços necessários. Como a geógrafa feminista Winifred Curran coloca, "as mulheres não eram apenas beneficiárias em potencial da gentrificação, mas também impulsionadoras do processo".[60] Os teóricos previram que, dadas essas tendências de gênero na força de trabalho, família e habitação, grandes mudanças nos padrões de uso da terra nas cidades certamente aconteceriam em seguida. No entanto, não ocorreu nenhuma mudança fundamental que realmente alterasse a cidade de forma a trazer igualdade às mulheres. Na verdade, poderíamos argumentar que muitas mudanças, incluindo a generalização da gentrificação, tornaram os ambientes urbanos menos criativos para a maioria das mulheres.

Bairros gentrificantes atraem amenidades que atendem pais de classe média: parques limpos, cafés, livrarias, lugares para comprar alimentos frescos e saudáveis, etc. Eles em geral estão localizados próximos a boas rotas de trânsito e centralizados em torno de boas escolas, especialmente no Reino Unido e nos EUA. Para Curran,

> A gentrificação ofereceu uma solução espacial voltada para o mercado, individualizada e privatizada, para o problema do equilíbrio entre vida pessoal e profissional. Com o planejamento urbano deixando de alcançar as experiências dos moradores urbanos, aqueles que podiam se dar ao luxo de encontrar espaços mais vantajosos para tentar o equilíbrio, "redescobrindo" bairros centrais da cidade que ofereciam fácil acesso aos empregos do centro e outras amenidades.[61]

Mas Curran continua observando que mesmo as vantagens baseadas em classe trazidas pela gentrificação não interrompem fundamentalmente a divisão de gênero do trabalho doméstico ou a infraestrutura urbana projetada para acomodar o movimento e os padrões de trabalho dos homens. Ela argumenta, e eu concordo: "A narrativa da vida urbana para os ricos tende a minimizar, ou ignorar, totalmente, o papel do cuidado e da família no desenho urbano".[62] A falta de espaços para brincar, pré-escolas e às vezes até supermercados na proximidade de novos empreendimentos habitacionais urbanos, como condomínios, sugere que planejadores e formuladores de políticas ainda não estão interessados em fornecer espaços viáveis/habitáveis para famílias, mesmo aquelas que podem pagar para viver nesses novos habitats urbanos reluzentes.[63]

O trabalho de cuidadores ainda é uma reflexão tardia nas cidades, e a gentrificação não torna as coisas mais fáceis, de repente, especialmente para a maioria das mulheres para quem as "amenidades" da gentrificação estão fora de alcance. Na minha experiência, essas amenidades são como uma faca de dois gumes quando combinadas com a tendência social que alguns chamam de "gentrificação da paternidade". Este conceito se baseia na ideia de "maternidade intensiva", um termo cunhado pela socióloga Sharon Hays que ela define como "centrado na criança, orientado por especialistas, emocionalmente absorvente, trabalho intensivo e financeiramente caro".[64] Essas expectativas aceleradas em torno da quantidade de dedicação, a atenção total que os pais devem prestar é sem precedentes. Como estudiosos maternos como Andrea O'Reilly argumentam, a maternidade intensiva e uma nova "mística da maternidade" surgiram bem a tempo de adicionar combustível à violenta reação contra o aumento da independência social, sexual e econômica das mulheres nas décadas de 1970 e 1980.[65]

Essa intensificação se manifesta em uma variedade de práticas de consumo conspícuas e estéticas que alguns chamam de "gentrificação da paternidade". As normas e os significantes culturais da boa paternidade foram gentrificados à medida que são cada vez mais definidos pelas marcas de produtos, estilos e tipos de atividades particulares comprados e praticados por famílias urbanas de classe média e alta. Isso ocorre no ambiente urbano à medida que os pais de classe média demandam e atraem recursos para seus bairros e fornecem um mercado para compras de luxo e atividades centradas na criança cuidadosamente selecionadas.[66] A quantidade de tempo, dinheiro e trabalho emocional necessários para fazer essa criação de filhos, o trabalho simplesmente não está disponível para muitas famílias e mães, em particular.

Relembrar aqueles primeiros anos como mãe na minha vizinhança de gentrificação não evoca uma sensação de facilidade. Na verdade, evoca uma profunda sensação de exaustão física. Claro, a falta de sono é típica dos novos pais. O que estou me referindo é o esforço físico de uma paternidade intensiva na cidade. Eu me imagino mais jovem, empurrando um carrinho de rodas de plástico pelas calçadas e ruas entupidas de neve e gelo. Carregar o carrinho cheio de mantimentos várias vezes por semana, porque não tínhamos carro. Nota: supõe-se que esta seja uma das partes "convenientes" da vida na cidade. Meio carregando, meio arrastando aquele carrinho para casa, porque uma roda se desintegraria depois de levar uma pancada em calçadas esburacadas. Várias viagens diárias ao parque, um local para alfabetização, ou um espaço de recreação em um centro comunitário para atender à "necessidade" de minha filha por atividades enriquecedoras, sociáveis e emocionantes. Viagens noturnas em trânsito para aulas de natação no centro da cidade. As constantes idas e vindas de creches, escolas, recados, aulas, visitas a familiares e amigos. Quero voltar no tempo e dizer a mim mesma: fique em casa. Deite-se. Faça menos.

Fazer menos não parecia uma opção na época, embora muitas das mães que ficam em casa na minha vizinhança ficaram chocadas ao saber que eu estava fazendo um curso completo de pós-graduação. O que elas não sabiam é que a escola era a parte mais fácil do meu dia. Ficar na minha cabeça por algumas horas, sem ser imediatamente responsável pelas menores demandas de outro humano e me preocupar com seu crescimento mental e emocional era tão pacífico. Mesmo a mãe suburbana arquetípica dos anos 1950 não deveria entreter constantemente seus filhos. Mas a mãe urbana supostamente emancipada do final do século XX e início do século XXI deve cumprir um conjunto complexo de responsabilidades domésticas junto com todo esse enriquecimento infantil, geralmente trabalhando fora de casa também. E ela o faz em espaços decididamente não adequados para suportar seu trabalho de parto.

Eu costumava pensar que a infância de Maddy na cidade – e minha paternidade urbana – foi muito diferente da infância suburbana que eu tive na década de 1980. Parecia que ela tinha atividades muito mais divertidas, voltadas para seus interesses, muito menos do que ficar no carro esperando os pais terminarem suas tarefas. Essa parte provavelmente é verdade, mas certamente a criação intensiva de filhos já estava em ascensão na década de 1980. Lembro-me de fins de semana cheios de sinagoga, aulas de dança, treinos de beisebol, natação, patinação e escola hebraica, bem como tarefas e passeios por Mississauga em uma série aparentemente interminável de tarefas domésticas. Meus pais estavam fazendo o possível para gerenciar as demandas de casa, trabalho e paternidade em uma paisagem cada vez mais extensa, com um carro e apenas uma carteira de motorista entre eles.

Antes de aprender a dirigir, minha mãe costumava caminhar 45 minutos ou uma hora apenas para fazer uma tarefa simples. Talvez ela só quisesse uma desculpa para sair de casa, um pouco de tempo para ela nas lojas, sem crianças rabugentas a reboque. Olhando para trás, vejo que estávamos fazendo malabarismo muito parecidos como mães. Embora morar na cidade significasse um melhor acesso a transporte público e a serviços, dificilmente seria uma solução mágica para as múltiplas demandas do meu tempo.

As famílias mais ricas administram essas contradições contando com o trabalho mal remunerado de outras pessoas. Imigrantes, mulheres e homens de cor realizam o trabalho terceirizado de reprodução social quando as famílias não conseguem se virar sozinhas ou quando o estado se recusa a ajudar (por exemplo, fornecendo creches acessíveis). Como um estudante de pós-graduação com um parceiro que trabalha em uma indústria de colarinho azul de baixa remuneração, eu não tinha muito para gastar em serviços pagos. Mesmo assim, quando as demandas de tempo e energia de todo aquele malabarismo me cansaram, justificamos nos aprofundar nas dívidas de cartão de crédito para extras como entrega de supermercado e passes de transporte. Pagar pelas várias atividades de Maddy não era apenas enriquecimento; essas atividades funcionavam como creche, então eu poderia roubar trinta minutos para fazer as tarefas escolares na galeria da piscina. Meu próprio enriquecimento – completar o ensino superior – dependia em parte da disponibilidade de mão de obra mal remunerada de outras pessoas (entregadores, babás), o que me deixou, claro, como a falta de infraestrutura pública para o trabalho de assistência aprofunda a desigualdade entre as mulheres, pois participamos de vários camadas de exploração para nos mantermos à tona.

Esse desequilíbrio tem implicações globais, remodelando a vida das mães em cidades de todo o mundo. À medida que a demanda por ajuda no trabalho doméstico aumenta entre as mulheres trabalhadoras mais ricas, mulheres migrantes transnacionais têm sido recrutadas para preencher esse déficit de trabalho doméstico. Em Cingapura, as empregadas domésticas das Filipinas e da Indonésia permitem que as mulheres de Cingapura participem do esforço da cidade-estado para se tornar uma cidade global líder em finanças e comunicação. As geógrafas feministas Brenda Yeoh, Shirlena Huang e Katie Willis observam que, como em muitas outras cidades, as mulheres de Cingapura que trabalham fora de casa não tiveram sucesso em transferir uma parcela suficiente das responsabilidades domésticas e de cuidados infantis para os homens, obrigando-os a confiar, muitas vezes com relutância, em empregadas domésticas de fora do país.[67] No Canadá, milhares de mulheres – a maioria mães – de lugares como as Filipinas e o Caribe vêm para o Canadá como migrantes temporários para trabalhar como babás, governantas e faxineiras. A pesquisa de longo prazo da geógrafa feminista Geraldine Pratt com migrantes filipinas em cidades como Vancouver destacou histórias de perda e desconexão, conforme as mães deixam seus filhos para trás, às vezes, por décadas, para cuidar dos filhos no Canadá. Em casa, seus filhos são criados por maridos, avós, parentes ou vizinhos em uma colcha de retalhos de arranjos de cuidados que semeiam uma distância emocional dolorosa que nunca poderá ser superada. Pratt descreve as maneiras pelas quais as antigas vidas de migrantes filipinas se tornaram invisíveis para nós no Canadá, com a separação de seus maridos e filhos apenas uma "existência sombria" que nossa confiança em seu trabalho nos força a esquecer.[68]

Quando meu casamento acabou, as demandas apenas se intensificaram. As noites que Maddy passava na casa do pai não eram especialmente repousantes. Entregas e coletas significavam mais viagens de ônibus com o estresse adicional de apostar no tempo de um sistema não confiável para evitar irritar o outro pai. Tarefas e despesas adicionais agora incluem viagens a advogados e psicólogos, tribunais e assistentes sociais. Eu me esforcei para descobrir como eu poderia estar em todos os lugares que tinha que estar enquanto coordenava os cuidados e supervisão de Maddy. Eu estava escrevendo minha dissertação e dando aulas em três universidades diferentes, acrescentando viagens caras nos ônibus Greyhound e trens aos meus já ineficientes padrões de viagens diárias.

Havia ocasiões em que Maddy precisava ser deixada sozinha por curtos períodos de tempo, ou caminhar até a metade do caminho para a escola antes de encontrar um amigo. As lacunas na estrutura de nossa casa estavam em constante expansão. Olhando para trás, eu realmente não sei como consegui fazer tudo isso sem que acontecesse um desastre. Certamente, meus privilégios como mulher culta, branca e cisgênero ajudaram a nos manter à tona, mas eu não estava imune ao aumento da vigilância do estado na forma de assistentes sociais que exigiam que Maddy recebesse certos serviços. É claro que elas não forneceram esses serviços. Isso caiu nas minhas mãos. Aprendi em primeira mão como o estado transfere as responsabilidades para as mães e como meu bairro e minha cidade mal me davam apoio.

O que é realmente irritante é que não havia nada de incomum na minha situação. A família nuclear tradicional não é mais a regra. As cidades estão cheias de famílias mescladas, relações de parentesco complexas decorrentes de divórcio e novo casamento, pais solteiros, relações homossexuais, famílias poliamorosas, famílias adotivas, migração de membros da família, lares não familiares, lares de várias gerações, ninhos vazios e muito mais. Mas você não saberia olhando para a forma como nossas cidades e seus subúrbios foram projetados para funcionar.

Idealmente, todas essas diversas redes de parentesco poderiam abrir possibilidades para o compartilhamento do trabalho de reprodução social, cuidado e educação dos filhos de maneiras criativas, até feministas. Para que isso aconteça, porém, nossos bairros e cidades têm que apoiá-lo. A construção massiva de pequenas unidades de condomínio de um ou dois quartos em prédios de apartamentos altos deixou uma escassez de moradias populares para as famílias. Estradas congestionadas e sistemas de trânsito caros dificultam o transporte das crianças indo ou voltando de casas de parentes, e depois para a escola, creche e atividades. A falta de um emprego seguro e de tempo integral para muitos pais significa lidar com as demandas do trabalho precário e talvez serem forçados a deixar um bairro conveniente para encontrar um trabalho adequado. A gentrificação afasta pais solteiros, pessoas de baixa renda e serviços acessíveis, espalhando parentes da família pela cidade.

A CIDADE NÃO SEXISTA

Embora toda a diversidade de famílias e de formas familiares possa ser um tanto nova, ideias para a criação de conjuntos habitacionais e até mesmo bairros inteiros que coletivizem e facilitem o trabalho doméstico podem ser encontradas tão recentemente quanto nas décadas de 1980 e 1990 e desde o final do século XIX na América do Norte. O livro de Hayden, *A Grande Revolução Doméstica: Uma História de Projetos Feministas para Casas, Bairros e Cidades Americanas*, detalhou os esquemas utópicos e, às vezes, casas e comunidades reais projetadas pelas primeiras feministas materialistas que argumentaram que o trabalho doméstico e o cuidado das crianças devem ser socializados e incorporados arranjos espaciais para facilitar a entrada das mulheres na força de trabalho, igualdade com os homens e desenvolvimento intelectual.[69]

Visões da "cidade não sexista" em geral centralizam questões de habitação, observando que a casa da família nuclear é uma forma realmente ineficiente de utilizar a mão de obra, que mantém as mulheres presas ao lar com pouco tempo ou energia para outras atividades.[70] Conjuntos habitacionais que permitir que as famílias compartilhem o trabalho de cozinhar, limpar e cuidar dos filhos são características comuns dos designs feministas. Wekerle observa que, nas décadas de 1970 e 1980, antes que o financiamento federal para moradias subsidiadas fosse reduzido na primeira onda de neoliberalismo, uma variedade de empreendimentos habitacionais cooperativos que se concentravam em grupos de baixa renda com necessidades específicas – mães solteiras, mulheres mais velhas, mulheres com deficiência – foram construídos em cidades por todo o Canadá.[71] Esses exemplos podem nos lembrar de que já existem alternativas. Parte do trabalho de imaginar a cidade não sexista já foi feito.

Quando comecei meu mestrado com uma criança com menos de um ano de idade e sem ter como pagar uma creche (listas de espera para vagas subsidiadas eram ultrajantes), me esforcei para encontrar tempo para terminar meu trabalho. Felizmente, conheci Anneke. Tivemos aulas juntos e descobrimos que éramos as principais cuidadoras de crianças incrivelmente pequenas. Comecei a levar Maddy para a casa de Anneke dois dias por semana e nos revezávamos cuidando das crianças enquanto uma de nós saía por algumas horas para estudar. O pouco de tempo extra proporcionado pelo que eu gosto de chamar de "a menor cooperativa de babás da cidade" fez uma enorme diferença. Na época, pensei que éramos apenas sortudas. Eu não sabia que fazíamos parte de uma longa tradição de mães e outros cuidadoras que inventavam arranjos engenhosos para fazer o trabalho doméstico na cidade. Essas práticas criativas de "sobreviver" informaram as intervenções urbanas feministas desde o século XIX.

No entanto, muitas décadas após críticas incisivas sobre como as cidades e os subúrbios falham em relação às mães e outras cuidadoras, os mesmos problemas permanecem. Sob o neoliberalismo, a maioria das "soluções" geradas para esses problemas foram baseadas no mercado, o que significa que exigem a capacidade de pagar por serviços extras, conveniências e trabalho mal pago de outra pessoa. Muito poucas mudanças, especialmente nas cidades norte-americanas, repensaram e retrabalharam o ambiente construído e outros aspectos da infraestrutura urbana de maneiras que levassem o trabalho a sério.[72]

Na Europa, as abordagens de "integração de gênero" ao planejamento urbano e às decisões orçamentárias têm uma história mais longa. Essencialmente, essas estruturas significam que todo planejamento, política e decisão orçamentária devem ser considerados com o objetivo de igualdade de gênero como ponto de partida. Por exemplo, os formuladores de políticas devem perguntar como uma decisão pode potencialmente aumentar ou minar a igualdade de gênero. Essas abordagens levam as cidades a considerar como as decisões apoiam ou impedem o trabalho de cuidado que literalmente mantém a sociedade funcionando.

A cidade de Viena adotou uma forma de integração de gênero em várias áreas, como educação e saúde. Mas teve um efeito profundo no planejamento urbano.[73] Ecoando as experiências de mulheres ao redor do mundo, e minhas próprias experiências também, as mulheres responderam a uma pesquisa de trânsito de 1999 com suas histórias de jornadas complexas equilibrando cuidado e trabalho remunerado: "Eu meus filhos ao médico alguns dias de manhã, depois levo-as para a escola antes de ir trabalhar. Mais tarde, ajudo minha mãe a comprar comida e trago meus filhos para casa de metrô".[74] O uso do transporte público ilustrou algumas das grandes discrepâncias entre o uso dos serviços e espaços da cidade por homens e mulheres. Viena tentou enfrentar esse desafio redesenhando áreas para facilitar a mobilidade e a acessibilidade de pedestres, bem como melhorar os serviços de transporte público. A cidade também criou conjuntos habitacionais do tipo imaginado por projetistas feministas, incluindo creches locais, serviços de saúde e acesso ao transporte público. Com o objetivo de garantir que todos tenham igual acesso aos recursos urbanos, a abordagem de integração de gênero de Viena está "literalmente remodelando a cidade".

Ter uma perspectiva centrada em gênero no planejamento não precisa se limitar às ricas cidades do Hemisfério Norte. Mulheres em assentamentos informais em megacidades do Hemisfério Sul também estão trabalhando para recuperar o planejamento urbano. Diante de desafios críticos como pobreza, falta de emprego seguro, saneamento precário e poucos serviços de saúde sexual e reprodutiva, as mulheres costumam se unir para formar coletivos que as ajudem a melhorar as oportunidades econômicas e defendem a segurança da moradia e do emprego. Por exemplo, a Shack Dwellers Federation da Namíbia promove uma oferta coletiva de "segurança compartilhada de trabalho e moradia para seus membros, aumentando assim as oportunidades das mulheres para obter melhores serviços públicos e gerar renda".[75] Prabha Khosla identifica "urbanização de favelas com perspectiva de gênero" como uma área de ação, observando que as mulheres devem ser incluídas como tomadoras de decisões para garantir o acesso a terras acessíveis, com proximidade do trabalho e serviços essenciais.

A incorporação da perspectiva de gênero está lentamente chegando a mais cidades. Recentemente, a mídia parecia se divertir em relatar que algumas cidades canadenses e americanas estavam usando uma análise de gênero em seus orçamentos e cronogramas para limpar a neve.⁷⁶ Embora seja justo dizer que a neve não discrimina, as decisões sobre quais estradas e áreas priorizar para liberação revelam muito sobre quais atividades são valorizadas na cidade. Na maioria dos casos, as cidades abrem primeiro as estradas principais que levam ao centro da cidade, deixando as ruas residenciais, calçadas e zonas escolares para o final. Em contraste, cidades como Estocolmo adotaram uma "estratégia de cultivo com igualdade de gênero" que prioriza calçadas, ciclovias, corredores de ônibus e zonas de creche em reconhecimento ao fato de que mulheres, crianças e idosos tenderam mais a caminhar, andar de bicicleta, ou usar o transporte público. Além disso, como as crianças precisam ser deixadas na escola antes do início do expediente de trabalho, faz sentido desobstruir esses caminhos mais cedo. O vice-prefeito de Estocolmo, Daniel Helldén, descreveu o plano para a mídia canadense, argumentando que, em vez de seguir caminhos que reforçam o comportamento centrado no carro, o método de Estocolmo incentiva todos a usar meios alternativos de transporte. Em vez de replicar o status quo, seu plano visa "como você deseja que sua cidade seja".⁷⁷

A integração de gênero tem suas limitações. As autoridades municipais em Viena observam que há o perigo de reforçar as normas e papéis de gênero já existentes em torno do trabalho remunerado e não remunerado.⁷⁸ Por exemplo, em Seul, os esforços para tornar mais fáceis os deslocamentos das mulheres trabalhadoras – com tudo, desde "calçadas apropriadas para salto alto a vagas de estacionamento "cor-de-rosa" destinadas para mulheres –

não foram correspondidas pelos esforços do estado para equilibrar as desigualdades no trabalho doméstico e de creche.[79] Considerar o gênero como a categoria primária para a igualdade também pode ser limitante. Embora o cidadão urbano típico tenha muitas vezes sido estritamente imaginado como um homem branco, cis, saudável, de classe média e heterossexual, a cidadã imaginada no planejamento de gênero também foi limitada. Uma mãe casada e apta com um emprego de colarinho rosa ou branco geralmente é a beneficiária imaginária do planejamento com perspectiva de gênero. É cada vez mais provável que essa mulher represente uma minoria na maioria das cidades contemporâneas, sugerindo que há grandes grupos de mulheres, cujas necessidades podem não ser atendidas pela integração de gênero. Viajar para fora da cidade central ilustra essas disparidades e seus componentes espaciais. Quando iniciei meu doutorado, meu trajeto até a Universidade de York no ônibus da Keele Street me levou por bairros raciais e de baixa renda, onde demandas ainda mais ultrajantes às mães se tornaram aparentes. Embora ainda tecnicamente urbanos, esses são bairros onde caminhar até um supermercado com todos os produtos raramente é uma opção. Pegar o transporte público significa esperar, ao relento, em um frio enregelante ou sob sol escaldante por ônibus inacessíveis e imprevisíveis. Atender às necessidades diárias significa ter que fazer várias paradas em diferentes lojas e shoppings. A perspectiva de essas mães conseguirem trinta minutos de folga para ler o jornal em um Starbucks durante o soninho do bebê parecia algo altamente improvável.

A geógrafa Brenda Parker escreve de forma convincente sobre as experiências de mulheres afro-americanas de baixa renda em Milwaukee.[80] Parker argumenta que a gentrificação e cortes nos serviços sociais urbanos resultam em efeitos de "amplificação" e "intensificação" na vida cotidiana e no trabalho dessas mulheres, efeitos que ficam gravados no corpo em forma de exaustão, doenças e dores crônicas. Andar pela cidade não é apenas cansativo em relação a escadas traiçoeiras e trânsito pesado. Esses inconvenientes são associados ao trabalho de sugar tempo e energia de navegar pelas opções de abastecimento de "estado e sombra", como viajar para despensas de alimentos e igrejas; reunião com assistentes sociais, professores e escritórios de cupons de alimentos; e a espera interminável em agências e clínicas de saúde".[81]

Combinado com dias de trabalho muito longos e mal pagos, esse trabalho significava que até mesmo as responsabilidades e alegrias básicas da maternidade estavam fora de alcance. Uma das entrevistadas de Parker, "Audra", compartilhou sua experiência: "Porque você está gastando quatorze horas diárias em um trabalho de oito horas por dia. Então, quando chega em casa, está cansada demais para ajudá-los com a lição de casa".[82] Essas lutas são apenas exacerbadas pela gentrificação. Mulheres de outras origens raciais de baixa renda são mais vulneráveis ao deslocamento, sendo empurradas para áreas com serviços insuficientes onde os benefícios da vida urbana – acesso interconectado a locais de trabalho, escolas, serviços, varejo, trânsito e vida doméstica – são decididamente diminuídos.

Essas áreas também podem ser zonas onde a poluição do ar e questões como água contaminada afetam ainda mais o trabalho materno.

A geógrafa ambiental urbana Julie Sze escreve sobre as altas taxas de doenças respiratórias entre crianças negras em bairros pobres, onde as mães são as principais responsáveis pelo trabalho intensivo de controle da asma.[83] A luta para fornecer água potável para beber, limpar e tomar banho no contexto da crise hídrica é outro exemplo, sem falar no trabalho de cuidar de crianças afetadas pelo envenenamento por chumbo. À medida que o trabalho da maternidade se torna mais caro por meio da gentrificação da paternidade, aqueles que podem pagar os serviços privatizados se beneficiam, enquanto aqueles que não podem são empurrados para bairros que tornam suas vidas ainda mais insalubres.

Em Milwaukee, a geografia racialmente dividida da cidade também afetou a capacidade das mães de encontrar um bom trabalho perto de casa. Pesquisas com mães em Joanesburgo descobriram que os legados do *apartheid* e suas geografias remanescentes de segregação continuaram a moldar as escolhas que as mães fazem em relação à casa, trabalho e escola na cidade. Por exemplo, grandes disparidades na qualidade das escolas, refletindo as raças e classes geográficas, significou que muitas mães tiveram que considerar o desenraizamento para se mover dentro da faixa de abrangência de uma boa escola, mesmo que isso significasse perder oportunidades de emprego e apoio familiar. Os sistemas de transporte público perigosos também faziam com que as mães relutassem em mandar seus filhos sozinhos para a escola, o que significava que tinham que conciliar trabalho e casa com percursos escolares.[84]

Confrontadas com a falta de apoio da política municipal e infraestrutura para suas vidas, as mulheres de baixa renda são forçadas a encontrar formas de combinar cuidados e trabalho remunerado. Na pesquisa de Parker em Milwaukee, as mulheres "levaram seus bebês com elas enquanto dirigiam o ônibus para o trabalho; (...) não é incomum duas ou três famílias viverem juntas em um apartamento de um ou dois quartos. Ali, as mulheres cuidavam dos filhos umas das outras enquanto uma pessoa 'abastecia' a casa por meio de seu trabalho remunerado".[85] Em Joanesburgo, as mulheres, às vezes, tomavam a decisão dolorosa de seus filhos morando com parentes, porque a gama limitada de escolha de lugares para morar e trabalhar dificultava sua capacidade de dar a seus filhos acesso a lazer ou boas escolas. Esse tipo de estratégia tem sido há muito descrito por escritoras feministas negras, como *bell hooks* e, Patricia Hill Collins, que afirma que o trabalho reprodutivo social das mulheres negras tem sido principalmente sujeito a medidas punitivas por parte do estado, como ter filhos levados, ou serem sujeitados ao "trabalho diário".[86] O ativismo feminista em torno do trabalho doméstico tem tipicamente centrado a mulher casada branca e heterossexual e ignorado as necessidades e preocupações específicas das mulheres de cor.

Embora possa ser perigoso romantizar as estratégias de sobrevivência de pessoas negras de baixa renda, suas táticas e estratégias de resistência levam as feministas a pensar além da integração de gênero. Em *Mulheres negras urbanas e a política de resistência*[87], Zenzele Isoke explora como as mulheres negras resistem e retrabalham os significados do espaço urbano e da política urbana no que ela chama de uma cidade "desprezada": Newark. Enfrentando o desinvestimento de longo prazo em suas comunidades e altos níveis de violência do estado, as mulheres negras em Newark, argumenta Isoke, usam práticas de "cuidar da casa" na cidade para reconfigurar uma "paisagem hostil e profundamente racializada".[88] Aqui, cuidar do lar significa "criar locais para afirmar a vida, história, cultura e política afro-americana. Os lares são espaços políticos que as mulheres negras criam para expressar cuidado umas com as outras e suas comunidades e para lembrar, revisar e reviver os roteiros da resistência política negra".[89] Uma política urbana de cuidado é promulgada não apenas por meio de um apego ao lugar, mas como "um trabalho ativo e coletivo em direção às transformações físicas, simbólicas e relacionais".[90]

Como uma estratégia de "questão única" centrada no estado, a integração de gênero só pode nos levar até certo ponto. E vamos enfrentá-lo, depender fortemente do Estado para uma transformação radical é uma perda de tempo, e talvez até perigoso para os negros, indígenas e pessoas de cor que foram considerados dispensáveis ou posicionados como "problemas" a serem resolvidos ou eliminados na cidade "progressista". O estudo de Isoke ilustra o poder de forjar alianças em diversas comunidades para combater o racismo, sexismo e homofobia para "confrontar e transformar [a] interseccionalidade estrutural" das opressões na cidade.[91] Quero que as cidades adotem políticas e criem espaços que façam o cuidado funcionar e a reprodução social mais coletiva, menos exaustiva e mais justa. No entanto, sei que temos que buscar mudanças mais profundas e imaginações mais expansivas e libertadoras da cidade nos espaços e comunidades que já praticam formas de cuidar que rebentam os binários do trabalho remunerado e não remunerado, espaços públicos e privados, produção e reprodução social.

A gravidez e a maternidade como mulher na cidade despertaram minha consciência urbana feminista. Embora experiências como assédio sexual nas ruas da cidade não fossem novas para mim, o funcionamento fortemente entrelaçado das formas sociais e espaciais de exclusão – as formas como o ambiente construído e as relações sociais colidem e se misturam – de repente, se tornaram tangíveis. Os limites dos tipos de subjetividades urbanas que eu poderia habitar eram claros como cristal. As fronteiras do anonimato, invisibilidade e pertencimento eram rígidas. Os efeitos das formas explícitas de incorporação de gênero na minha vida diária eram urgentes. Nesse contexto, a maternidade para mim foi um catalisador, que operou por meio da raiva, frustração, decepção e, ocasionalmente, alegria, por querer imaginar um futuro urbano feminista.

Como seriam os futuros urbanos bem cuidados? Futuros baseados nas necessidades, demandas e desejos das mulheres de cor, mulheres com deficiência, lésbicas, cuidadoras solteiras, mulheres idosas, mulheres indígenas e, especialmente, aquelas para quem essas identidades se cruzam? É claro que chegou a hora de descentrar a família nuclear heterossexual em tudo, desde o projeto de moradias até estratégias de transporte, planejamento de bairro e zoneamento urbano. Isso significa que os planejadores e arquitetos urbanos não podem tomar o homem cis branco e saudável como o sujeito padrão e imaginar todos os outros como uma variação da regra. Em vez disso, as margens devem se tornar o centro. Embora a vida de uma senhora idosa viúva nos subúrbios centrais e de mães lésbicas de baixa renda que alugam em um bairro de nobreza pareça diferente, as intervenções para melhorar o acesso aos serviços e lazer da cidade para um provavelmente beneficiarão o outro. Transporte acessível, calçadas limpas, moradias com preços acessíveis, banheiros públicos seguros e limpos, acesso a uma horta comunitária, um salário-mínimo digno e espaços compartilhados para coisas como preparação de refeições aliviariam a carga de muitos tipos de famílias, sem mencionar contribuir para outras metas importantes, como sustentabilidade ambiental. Uma cidade feminista deve ser aquela onde as barreiras – físicas e sociais – são desmanteladas, onde todos os corpos são bem-vindos e acomodados. Uma cidade feminista deve ser centrada no cuidado, não porque as mulheres devam continuar sendo as principais responsáveis pelo trabalho de cuidado, mas porque a cidade tem o potencial de espalhar o trabalho de cuidado de maneira mais uniforme. Uma cidade feminista deve olhar para as ferramentas criativas que as mulheres sempre usaram para apoiar umas às outras, e encontrar maneiras de construir esse apoio na própria estrutura do mundo urbano.

CAPÍTULO 2

CIDADE DAS AMIGAS

Sex and the City, que estreou em 1998, foi o primeiro programa de televisão de grande orçamento a retratar as amizades e a vida urbana das mulheres.

A ideia de que a cidade de Nova York seria, na verdade, o "quinto amigo", rapidamente se tornou um clichê, mas ficou claro que os espectadores entenderam que o cenário era mais do que um pano de fundo. A cultura, a energia, o perigo, a emoção, o custo, as oportunidades e as decepções de Nova York moldam explicitamente os romances, carreiras, famílias e amizades de Carrie, Miranda, Samantha e Charlotte. Às vezes, a vida na cidade prejudica seus laços de amizade. Quando Miranda se muda de Manhattan para o Brooklyn para acomodar sua família em crescimento, ela está convencida de que nunca verá suas amigas novamente. Em outras ocasiões, os desafios da cidade apresentam oportunidades de apoio mútuo. Quando o apartamento alugado de Carrie vai para a cooperativa, ela não tem dinheiro para pagar a entrada. Recentemente separada,

Charlotte dá a Carrie seu anel de noivado da *Tiffany* para que Carrie possa ficar no lugar que ela ama. Embora essas quatro amigas e seus estilos de vida privilegiados não representem a maioria das mulheres nas cidades, suas histórias fictícias e por vezes fantásticas tornaram possível um momento cultural onde as amizades femininas eram centradas em um conjunto de contos sobre as "lutas" da mulher urbana moderna.

O poder da amizade feminina é tipicamente subestimado, minado ou ignorado em todas as narrativas culturais. Há poucos exemplos que falam da importância das amizades femininas em relação à vida na cidade. Apesar de todos os seus defeitos, *Sex and the City* nunca se afastou muito de seu conceito central: a amizade era o bote salva-vidas que mantinha cada personagem à tona quando outros aspectos de suas vidas ameaçavam arrastá-las para baixo. Para mulheres muito mais comuns, amizades também fazem parte de nossos kits de ferramentas de sobrevivência urbana. Embora a amizade feminina seja frequentemente esquecida em favor de um foco em parcerias românticas, é uma força poderosa em que as mulheres confiam de várias maneiras. Amizades com outras mulheres também moldam a forma como as mulheres se relacionam com a própria cidade.

AMIZADE COMO FORMA DE VIDA

Em *Notes from a Feminist Killjoy*, a estudiosa literária Erin Wunker explora as amizades femininas como sustentadoras e transformadoras. Ela faz uma pergunta provocativa: "Como seria a amizade feminina como estilo de vida?".[92] Trabalhos que destacam a complexidade da amizade feminina são muito mais raros do que filmes, programas de televisão e livros que encobrem as amizades femininas para se concentrar em relacionamentos românticos, vida familiar e situações dramáticas da vida. A amizade é relegada a segundo plano como um simples enredo ou dispositivo de personagem para mover a ação real. Wunker se pergunta o que seria possível se resistirmos às "representações de amizades femininas que são policiadas até se tornarem invisíveis ou tirem seu potencial radical?".[93] Eu me pergunto, que formas de estar na cidade são perdidas ou ignoradas quando vemos as amizades femininas como frívolas e descartáveis?

A frase "amizade feminina como um modo de vida" ressoa em mim de modo profundo. Embora minha vida adulta tenha envolvido um forte compromisso com minha carreira, a criação de uma filha, casamento, divórcio e vários apegos românticos, bem como mudança para outro estado, minhas amizades com outras mulheres têm sido o núcleo estável, consistente e, às vezes, até mesmo a maior prioridade entre uma gama de demandas concorrentes. Meus dois principais "grupos de garotas" fizeram de mim quem eu sou, e eu não poderia me imaginar desistindo delas. Um deles já dura quase vinte e cinco anos, mais do que qualquer relacionamento, maternidade e carreira anteriores ao namoro. Quando imagino minha aposentadoria, são seus rostos que vejo à minha volta. A própria Wunker reflete sobre a constelação de apoio, conhecimento, cuidado e crítica amorosa que recebeu de suas amizades e descreve as amizades femininas como "criadoras do mundo". Na teoria gay, a construção do mundo inclui performances criativas, disruptivas, utópicas e até mesmo fracassadas, práticas, relacionamentos e imaginações que não apenas desafiam estruturas como hetero e homo normatividade, pública e privada, etc., mas que mapeiam gay, insurgente, outros mundos além dos caminhos já traçados.[94] A criação de mundos significa o processo de imaginar e criar espaço(s) onde as coisas podem se desenrolar de outra maneira. Praticar a amizade feminina como um modo de vida é, eu creio, uma atividade que faz o mundo.

Muitas vezes, as amizades femininas são mal interpretadas como substituições de segunda categoria para relacionamentos heterossexuais românticos ou amor lésbico velado. Certamente, há uma longa e muitas vezes oculta história de amizades femininas como máscaras para relacionamentos lésbicos reais que não podiam ser publicamente reconhecidos. Mesmo quando o lesbianismo não é o subtexto, as amizades femininas íntimas podem ser vistas como substitutos para a parceria romântica ou como um fornecimento de algo que os parceiros românticos (especialmente os parceiros românticos masculinos) não podem dar. Wunker se preocupa com o fato de que "reciclar um enredo – o romance – significa arrastar com você todas as associações sedimentadas desse enredo".[95] Parece que, culturalmente, não temos uma linguagem para descrever o caráter e a qualidade de amizades femininas sem tomar termos emprestados de outras categorias.

Ainda mais problemático, as representações populares oscilam entre o estereótipo da amizade mal-intencionada, ciumenta e sempre à beira de uma briga de gato e a amizade excessivamente mitificada, carregada, misteriosa e desconhecida. Wunker descreve o último como a criação de uma "pressão atmosférica densa em torno dos discursos da amizade feminina".[96] Em sua coleção de ensaios *best-seller*, *Bad Feminist*, Roxane Gay implora aos leitores que "abandonem o mito cultural de que todas as amizades femininas devem ser desagradáveis, tóxicas ou competitivas. Esse mito é como saltos e bolsas – bonito, mas projetado para RETARDAR as mulheres".[97] Gay estabelece treze regras para amizades femininas destinadas a derrubar os mitos prejudiciais que colocam barreiras entre nós e constantemente minam nossas tentativas de conexão. Como ela observa na regra número 1, esses mitos são projetados para atrasar as mulheres: eles nos mantêm presas à competição, mantendo-nos à distância por medo, ciúme ou insegurança. Eles nos impedem de unir forças e perceber o poder da amizade para transformar nosso mundo e a nós mesmas.

À primeira vista, os aclamados romances napolitanos da escritora italiana Elena Ferrante, que detalham décadas de complicada amizade entre a narradora Lenù e sua vizinha Lila, podem parecer perpetuar o mito do mundo misterioso e repleto da amizade feminina. No entanto, sua história é rica em momentos em que as meninas (e, eventualmente, as mulheres) usam sua amizade como uma força criadora do mundo. Essa força lhes permite desafiar os limites de vida que parecem delimitados por expectativas tradicionais de gênero, bem como a pobreza e um ambiente político complexo. Em *My Brilliant Friend*, o primeiro dos quatro romances, as jovens amigas vão até o mar saindo de triste bairro operário de Nápoles. A estrada é longa, mas a narradora, Lenù, é destemida:

> Quando penso no prazer de ser livre, penso no começo daquele dia, em sair do túnel e estarmos em uma estrada que ia direto até onde a vista alcançava... se você chegou ao fim, você chegou ao mar. Senti-me alegremente aberta ao desconhecido. Caminhamos por um longo tempo entre paredes em ruínas invadidas pela relva, estruturas baixas de onde saíam vozes em dialeto, às vezes, um clamor. Demo-nos as mãos, e andamos uma ao lado da outra.[98]

Enfrentando o desconhecido em busca de novas experiências, ansiando por saborear a brisa do mar e vislumbrar um mundo além do que Ferrante sempre se refere como "o bairro", duas garotas mentem a seus pais e partem despreparadas para o desconhecido. A ingenuidade de Lila e Lenù e a confiança entre elas me lembram de muitos momentos em que minhas amigas e eu desafiamos as decisões de nossos pais e nos precipitamos em nossas próprias aventuras urbanas.

Quando tínhamos quinze anos, minha amiga Sally e eu fugimos para o centro da cidade para uma exibição à meia-noite de *The Rocky Horror Picture Show* no que então era o Cinema Bloor. Meus pais estavam fora da cidade e eu deveria passar a noite na casa de Sally. Em algum momento durante o estridente show ao vivo que acompanhava o filme, perdemos o que restava do nosso dinheiro e, portanto, nossa passagem de volta para o subúrbio. Depois de algumas buscas no piso pegajoso do teatro assim que as luzes se acenderam, percebemos que demos azar e saímos no ar frio da primavera em Toronto, às duas da manhã. Confiantes de que a cidade de alguma forma nos ajudaria, decidimos seguir para a Yonge Street. Descobrimos que os dois dólares ou mais que sobraram no bolso de Sally nos dariam um chocolate quente e um lugar para nos sentar em uma cafeteria 24 horas. De manhã, desceríamos até a Union Station e entraríamos furtivamente em um trem, onde poderíamos arriscar que nenhum cobrador de passagens aparecesse. Embora estivéssemos irritadas e perdido nosso dinheiro, nossa atitude era muito objetiva. Juntas, não teríamos nada a temer.

Os detalhes são confusos quase trinta anos depois, mas não acho que chegamos à Yonge Street de forma tão direta quanto estávamos esperando. Pegamos uma carona na direção errada antes de começar uma conversa com os dois adolescentes que moravam na cidade, também sob a aparente falta de supervisão dos seus pais. Os quatro passaram o resto da noite vagando para cima e para baixo na Yonge Street, sentados no CoffeeTime e no McDonald's e entrando furtivamente em prédios de escritórios onde poderíamos nos esconder nas escadarias. Um artista sem-teto desenhou nossos retratos em uma cafeteria; interrompemos uma briga de um casal que estava saindo de um clube; visitamos nosso local de show favorito – o Templo Maçônico – e sentamos em um banco de praça para falar sobre nossas bandas favoritas. De manhã, nossos novos amigos compraram fichas de metrô para nós e, aparentemente mais por obrigação do que por interesse real, pediram nossos números de telefone antes de embarcarmos em um trem em direção ao oeste. Depois, a noite inteira pareceu um sonho, uma história complicada em que ninguém, exceto Sally e eu acreditaríamos. Claro que não poderíamos contar aos nossos pais ou irmãos e, rapidamente, toda a noite estranha se tornou nosso segredo. Falávamos sobre isso tão raramente que, depois que Sally e eu saímos uma da vida da outra após o 2º grau, quase não pensei mais nisso. Quando me lembrei, tive que me perguntar se havia imaginado a coisa toda. Mas ainda tenho o retrato apressado que compramos do artista sem-teto, desenhado à caneta preta nas costas de um jogo americano do McDonald's, colado em meu diário da época.

De volta a uma Nápoles fictícia, a busca de Lila e Lenù não as leva ao mar. Quando as meninas chegam à fronteira do bairro, as coisas mudam. Elas entram em uma "paisagem de ruína", cheia de lixo e pessoas estranhas e indiferentes. O céu escurece e, com um trovão, se abre. A pedido de Lila, elas fogem de volta para casa. Os pais de Lenù estão preocupados; eles batem nela. Lenù começa a se perguntar se Lila queria que a expedição fracassasse o tempo todo (amizade é complicada, lembra?). De qualquer forma, sua aventura ambiciosa não funciona como planejado. Mas persistiu a sensação de Lenù de que, com Lila ao seu lado, seus horizontes eram infinitamente mais amplos do que ela havia imaginado antes.[99]

Sally e eu conseguimos esconder toda a verdade de nossos pais, embora eu tenha sido repreendida pelo que meus pais acreditavam ser uma mentira mais mundana sobre onde tínhamos feito nossa festa do pijama. Nem a repreensão nem o ridículo da própria noite nos impediram de futuras transgressões. Eu sei que, como uma adulta sensata, devo olhar para trás e dizer: "Isso foi ridículo! O que estávamos pensando? É um milagre não termos sido assassinadas!" Em vez disso, não posso deixar de ver isso como um momento em que nossa jovem amizade nos permitiu experimentar a cidade de uma maneira totalmente nova, para testar nossos próprios limites e ter a sensação de que a cidade poderia ser um lugar para nós. Esses momentos de controle de nossas vidas foram possíveis, porque nunca duvidamos de que poderíamos contar uma com a outra. Sabíamos que nenhuma de nós seria deixada para trás ou dedurada. A amizade tornou a liberdade na cidade uma possibilidade para nós. Por sua vez, as ruas da cidade intensificaram nosso vínculo. Não foi só porque nos rebelamos e quebramos as regras. Ocupar espaço na cidade à noite – usar espaços públicos urbanos em momentos em que as meninas são tipicamente excluídas com base em normas sociais e limitações sexistas de mobilidade – foi uma experiência formativa, talvez até transformadora.

CIDADE DAS GAROTAS

Nossa noite na cidade não é o tipo de história de adolescente que provavelmente se verá em um filme ou programa de televisão. Em seu estudo dos principais filmes adolescentes das décadas de 1980 e 1990, a geógrafa feminista Alison Bain descobriu que os filmes reproduzem "a noção de que a cultura das meninas não se estende além do quarto".[100] Nesses filmes populares, incluindo *Fast Times at Ridgemont High*, *Clueless*, *Sixteen Candles* e *Heathers*, entre outros, os quartos das meninas são os principais lugares para cenas de amizade e interação entre as meninas, embora o banheiro da escola semiprivada também apareça com regularidade. Em espaços públicos, especialmente em espaços urbanos, as meninas são retratadas como "apêndices" dos meninos quando saem em encontros ou em eventos públicos. Os espaços urbanos costumavam estar totalmente ausentes. Bain encontrou "pouca cobertura cinematográfica de cruzamentos ou esquinas como pontos de encontro para meninas", exceto em filmes como *Foxfire*, onde a rebelião das meninas contra a violência masculina e o controle social seja o tema explícito do filme.[101] A cidade não parece ser um lugar onde os cineastas tradicionais imaginam meninas adolescentes interagindo umas com as outras, construindo relacionamentos e reivindicando seu espaço.

Talvez não seja surpreendente que esses filmes mostraram pouca diversidade racial ou de classe dentro dos grupos sociais dos adolescentes, sempre centrado em personagens brancos. A invisibilidade racial pode indicar onde imaginamos que exista diversidade: não nos espaços privados da casa ou nos subúrbios ricos. Filmes que centram garotas negras e latinas e suas amizades parecem mais prováveis de se passarem em cidades, como *The Fits* (Cincinnati) de 2016 ou *Our Song* (Brooklyn) de 2000. As meninas em *Our Song* lutam com os problemas urbanos cotidianos que as meninas negras enfrentam: o fechamento de sua escola devido ao amianto, vivendo com a ameaça de crimes violentos e falta de assistência médica acessível. Elas tentam ficar conectadas por meio de sua banda da escola, mas enfrentam a possibilidade de um futuro em que as circunstâncias irão separá-las.

Fora dos filmes, as necessidades e os desejos das meninas e das jovens são quase completamente ignorados na arquitetura e no planejamento. Quando as comunidades defendem "espaços para os jovens", os tipos de espaço que eles propõem são pistas de skate, quadras de basquete e arenas de hóquei. Em outras palavras, espaços que têm em mente meninos como usuários e onde as meninas têm dificuldade em encontrar acesso, aceitação e segurança. Quando a empresa de arquitetura sueca White Arkitekter realmente abordou adolescentes para projetar modelos em escala de espaço público, as meninas criaram "lugares para sentar juntas, protegidas do tempo e do vento, para ver sem a necessidade [sic] de serem vistas, um sentido de intimidade sem ser constritiva; e, acima de tudo, para deixar uma marca em sua cidade".[102]

Apesar da falta de atenção às suas necessidades, as meninas usam os espaços urbanos de várias maneiras criativas. A geógrafa Mary Thomas estuda como as meninas usam o espaço público nas cidades, questionando como elas resistem e também reproduzem as normas de gênero por meio de seus padrões de "convivência" em vários espaços de consumo.[103] Sujeitas a mais controle espacial do que os meninos, as meninas lutam para encontrar lugares para ficar. Elas devem desenvolver suas próprias estratégias para evitar a vigilância de adultos e obter permissão para explorar, incluindo o uso do poder da amizade para amenizar os medos dos pais sobre as meninas desacompanhadas. As meninas podem até trabalhar juntas para reivindicar a cidade diretamente. Por exemplo, meninas em Hanói formaram um coletivo para criar 'zines para educar motoristas de ônibus e passageiros sobre a segurança de meninas contra o assédio no transporte público. Em Kampala, um coletivo de jovens lutou para melhorar a higiene na cidade, bem como uma infraestrutura mais transitável para garantir que as meninas pudessem continuar indo à escola ou ao trabalho.[104]

O filme *Girls Town*, de 1996, dirigido por Jim McKay de *Our Song*, literalmente destruiu a ideia de que as garotas não ocupam e marcam ativamente o espaço urbano.[105] Ironicamente, assisti ao filme sozinha, mas saí pronta para encontrar minhas amigas e arrebentar o patriarcado com um taco de beisebol. O slogan no pôster dizia: "Aqui não é o *90210*". Longe das vidas de adolescentes privilegiadas e sensacionais retratadas no popular programa dos anos 1990, *Beverley Hills 90210*, as meninas de *Girls Town* lutaram com famílias abusivas, rapazes violentos, pobreza, maternidade adolescente e um futuro aparentemente sombrio. O elenco de *Girls Town* era muito mais racialmente diverso do que *90210* e os personagens viviam uma vida de classe trabalhadora em um bairro não especificado no centro da cidade, sem nenhuma semelhança com *Rodeo Drive*. A distinção deliberada traçada pelo contraste de *Girls Town* e *90210* também mostra suas representações muito diferentes das amizades femininas.

Embora existam exceções, as amizades em *90210* em geral caem nos tropos de ciumenta, maliciosa, esnobe e mesquinha. Inimigos tão frequentemente quanto aliados, personagens como Brenda e Kelly estavam em constante disputa por garotos, popularidade e status. *Girls Town* era diferente e, na época, fiquei pasma ao ver jovens retratadas como ferozmente leais umas às outras. Estrelado por Lily Taylor, Bruklin Harris e Anna Grace como alunas do último ano do 2º grau em uma cidade decadente do cinturão de ferrugem, o filme segue três garotas se arrastando após o suicídio de sua amiga Nikki. Na tentativa de lidar com o suicídio, elas descobrem que Nikki fora estuprada. Enquanto os grupos processam esse fato novo, Emma (interpretada por Grace) revela que ela fora recentemente abusada sexualmente por um rapaz num encontro. Movidas por raiva e tristeza, as amigas juram vingança contra os homens que as maltrataram. Elas também se apoiam enquanto lutam com os desafios do dia a dia e seus esforços para sair do que parece ser um beco sem saída.

As meninas, primeiro, reivindicam espaço pintando um mural em memória de Nikki. O grafitti é frequentemente associado a jovens urbanos, mas aqui as jovens pegam um pedaço da cidade e criam um memorial, recusando-se a esquecer a agressão sexual que levara Nikki ao suicídio. No entanto, pintar o mural não atenua sua raiva. Espreitando em um de seus pontos de encontro habituais, o abrigo de beisebol (outro espaço tipicamente dominado por homens), as amigas de Emma, Patti (Taylor) e Angela (Harris) decidem que o estuprador de Emma – um colega do ensino médio – não pode simplesmente voltar para sua vida de escola e esportes e não pagar pelas consequências. Eles destroem o carro dele no estacionamento da escola, pichando a palavra "estuprador". Finalmente, os amigos decidem que devem confrontar o estuprador de Nikki, um homem de mais idade do trabalho. Um personagem presunçoso e indiferente, as meninas devem fazê-lo entender o que ele fez com a amiga delas.

Em contraste com meus outros filmes de adolescentes favoritos, como *Pretty in Pink*, *Girls Town* não ofereceu um romance redentor ou a salvação de situações difíceis. Para mim, captou um sentimento de raiva constante e validou minha necessidade de ser vista e ouvida em uma cidade indiferente e muitas vezes hostil. O filme também confirmou que as fortes amizades femininas que eu estava formando na universidade seriam essenciais para eu expressar esses sentimentos.

No entanto, de volta aos subúrbios, antes de conhecer as mulheres que se tornariam minha própria gangue de garotas de *Girls Town*, minhas amigas e eu lutamos para encontrar espaços para nos expressar. Queríamos liberdades que nossos pais ainda não estavam dispostos a conceder, mas os espaços onde costumávamos sair quando éramos crianças e pré-adolescentes – quartos, porões e banheiros – eram muito enfadonhos, muito restritivos, muito isolados do mundo real. As meninas devem aprender a se contentar com os espaços limitados que lhes são oferecidos. Na minha adolescência suburbana, esse espaço era o shopping.

De acesso fácil, sem provocar perguntas de nossos pais, sempre quente e seguro. Eu não posso começar a contar as horas gastas vagando pelos corredores complicados de shopping centers em constante expansão em Mississauga. Acho que tivemos sorte, porque, dado o tamanho e a taxa de crescimento em Mississauga, nós tínhamos opções. O estudo de Bain, não surpreendentemente, descobriu que o shopping é caracterizado como um cenário em filmes de adolescentes.[106] Apesar da homogeneidade inerente do shopping, nós nos divertíamos olhando para coisas que não podíamos pagar, imaginando o tipo de pessoas legais que seríamos se ao menos tivéssemos as roupas e os sapatos certos. Encontramos maneiras de fazer nossos próprios espaços, em escadas, cantos e corredores de serviço. Minha melhor amiga Erika e eu não estudávamos na mesma escola, então o shopping era o lugar onde poderíamos realmente ficar juntas em vez de conversar por telefone. Mas à medida que envelhecemos, o shopping não refletia nossa mudança de identidade. Precisávamos encontrar os espaços, estilos e pessoas que nos permitissem começar a nos definir como mais do que meninas judias dos subúrbios.

Se o shopping fosse nosso espaço padrão – de fácil acesso, pais felizes em nos deixar lá por algumas horas –, então, o centro, como chamávamos a vizinha Toronto, era nossa aspiração. Poderíamos pegar um trem e, em cerca de trinta minutos, estaríamos no sopé da Yonge Street, um dos distritos turísticos e comerciais centrais de Toronto. Embora pudéssemos nos aventurar no enorme shopping Eaton Centre, nossos alvos eram as lojas vintage, lojas de discos usados, lojas de pôsteres e lojas de departamentos das ruas Yonge e Queen. No início da década de 1990, Yonge e Queen não se pareciam com nenhuma de nossas paisagens suburbanas familiares. A pré-gentrificação, brechós e lojas de excedentes do exército reinaram. Crianças punk sentadas conversando nos degraus, olhando para os clientes. Cobiçávamos os Doc Martens que ainda não podíamos pagar e vasculhamos em busca de jeans rasgados e camisas masculinas que deixariam nossas mães bravas. Filamos cigarros que não fumamos de pessoas estranhas e tentamos agir como se pertencêssemos a essas calçadas sujas em vez de ficar sob a luz fria das lâmpadas fluorescentes do shopping.

Claro que tudo isso parece clichê agora. Não éramos as únicas. Garotas suburbanas procuram maneiras de resistir às pressões do conformismo. Como a maioria dos jovens, estávamos tentando nos descobrir e espaços "diferentes" nos ajudaram a criar novos momentos de autoexpressão. A pesquisa de Gill Valentine sobre espaços para adultos e jovens descobriu que as meninas, paradoxalmente, identificam os espaços públicos, como as ruas da cidade, como "privados", porque esses espaços permitem o anonimato, longe do olhar curioso de pais, professores e outros cuidadores.[107] A casa era estranhamente mais parecida com um espaço público, já que as meninas aqui não tinham uma sensação de privacidade ou de controle sobre seus quartos e objetos pessoais.

Quando adolescente, a privacidade paradoxal do centro de Toronto permitiu que minhas amigas e eu explorássemos identidades desaprovadas ou proibidas em casa. Aventurar-nos na cidade, onde dificilmente seríamos vistas por alguém que conhecêssemos, significava que podíamos ser estranhas, góticas, ou simplesmente ficar com raiva por algum tempo. Mas sempre precisamos da presença e do apoio de nossas amigas para isso. Toronto nunca me pareceu assustadora, mas a coragem de ir a novos lugares, usar roupas diferentes e falar com pessoas estranhas só poderia vir com o incentivo das amigas. Sua amiga a ajudaria a praticar sua nova persona, forjada nos brechós encharcados de incenso do Kensington Market, e a esconder suas compras menos agradáveis aos pais no porão até que você pudesse escondê-las no banheiro da escola na segunda-feira de manhã. A amizade feminina devotada misturada com a eletricidade da cidade, então ainda um tanto corajosa foi o coquetel potente que nos permitiu crescer fora da infância suburbana e nas jovens independentes que tanto queríamos.

Como *Girls Town*, o filme *Foxfire*, de 1996, retrata garotas em idade escolar resistindo coletivamente à violência patriarcal e desafiando as limitações de gênero, raça, classe e sexualidade. Ambos os filmes também mostram meninas dentro em casa na cidade, não como apêndices dos meninos, mas como pessoas "participando da vida nas ruas à sua volta".[108] Em *Foxfire*, "as meninas vagam pelas ruas de Portland, rindo, conversando, bebendo, fumando e tirando fotos enquanto exploram becos desertos e caminhos menos percorridos".[109] Como em *Girls Town*, a gangue de garotas em *Foxfire* se reúne para confrontar homens abusivos. Inspiradas na rebelde e solitária Legs (a muito carismática Angelina Jolie), as meninas espancam uma professora e batem no carro dos meninos que ameaçavam estuprar a protagonista Maddie (interpretada por Hedy Burress). Na cena final, Maddie escala as vigas de uma ponte alta sobre o rio, que ela tinha medo de escalar antes. Sua amizade transformadora com Legs e as outras meninas inspira Maddie a enfrentar seus medos e realizar a façanha. De braços bem abertos, Maddie contempla a cidade que está abaixo dela. A maneira como as adolescentes e suas amigas ocupam o espaço tende a ser mais objeto de escárnio do que de celebração. Seus gostos e interesses apaixonados são ridicularizados como frívolos, infantis e incultos. Suas aquisições de praças de alimentação de shopping, viagens em grupo ao banheiro e constantes festas de pijama são retratadas como partes igualmente irritantes e misteriosas. Em uma cultura que normalmente zomba de meninas adolescentes e de seus interesses, desejos e hobbies, existem poucas fontes de onde imaginar ou reconhecer as maneiras como as meninas moldam, transformam e reconstroem coletivamente seus mundos, especialmente os urbanos. O olhar de Bain para filmes adolescentes mostrou que "mulheres jovens desacompanhadas raramente são retratadas como transformadoras, comandando ou ocupando espaço".[110] Bain, portanto, lamenta que "a oportunidade para a transformação do espaço por moças adolescentes seja sobre empoderamento e sobre ações transgressivas para reivindicar e o espaço de controle em um mundo adulto permanece pouco explorado".[111]

Em *Girls Town* e *Foxfire*, o compromisso das meninas com a "amizade feminina como um modo de vida" se desenrola nas ruas da cidade, onde elas gradualmente ganham mais confiança, poder e controle em um ambiente dominado por homens e ameaçador com a sombra da violência sexual sempre presente. A união de meninas em espaços urbanos desafia as percepções sobre para quem é a cidade. Ao se apropriar de espaços abandonados ou masculinos, deixando sua marca no grafite e, ocasionalmente, explodindo em violência própria, a cidade como "patriarcado em vidro e pedra" é relançada como um espaço de possibilidade.[112] Presença de meninas nas ruas da cidade, um lugar onde elas foram consideradas deslocadas, podem e devem ser consideradas parte do repertório de resistência das meninas aos diversos modos de controle em uma sociedade patriarcal dominada por adultos.

AMIZADES E LIBERDADE

Esses filmes resumiam o tipo de amizades femininas duronas que eu queria encontrar e cultivar. Quando me mudei para a cidade aos dezoito anos para estudar na Universidade de Toronto, muitas das minhas amizades no ensino médio começaram a desaparecer. Felizmente, eu imediatamente conheci Jill, minha colega de quarto indicada para o dormitório misto, e Kate, que tinha seu quarto ao lado. Depois que Jill e eu descobrimos que a superlegal Kate era, na verdade, apenas mais uma caloura recém-transplantada do subúrbio, nos tornamos um trio compacto. Embora todas nós tivéssemos morado perto de Toronto a maior parte de nossas vidas, nossa crescente amizade nos levou a diferentes espaços e novas maneiras de explorar a cidade.

Nós nos deleitamos com a falta de supervisão direta dos nossos pais e a liberdade recém-descoberta de fazer nossos próprios planos, explorar novos lugares e aproveitar a vida noturna da cidade. Íamos a cafeterias enfumaçadas com portas que davam para becos, arrastando nossas leituras de aula, mas principalmente gastando as horas conhecendo tudo uma sobre a outra. Clubes icônicos como *Lee's Palace*, *Sneaky Dees* e *Sanctuary*, dos quais eu só tinha ouvido falar no rádio, agora faziam parte do nosso itinerário regular de fim de semana. Pela primeira vez, nada nos era proibido.

Isso não significava que nunca houve medo. De fato, a tensão entre a cidade como espaço de libertação e a cidade como espaço de perigo era grande. Essa tensão teve uma grande influência na maneira como nossa amizade cresceu e se solidificou. Como jovens que mal eram adultas, trouxemos caminhões de mensagens absorventes dos pais e da sociedade sobre estranhos, espaços urbanos e os proverbiais "becos escuros". Embora essas mensagens fossem profundamente internalizadas, descobri que também tinham aspectos performativos. Nossos níveis reais de medo não eram particularmente relevantes. Em vez disso, habitualmente realizamos atos de segurança e precaução alinhados com nossa socialização de gênero.

Muito antes de alguém ter aparelhos celulares, tínhamos que inventar várias pequenas rotinas para garantir que ninguém ficasse sozinho à noite. Por exemplo, se eu fosse pegar o metrô para casa, eu deveria ligar para Jill do telefone público quando descesse na estação St. George, esperar enquanto ela e Kate subiam juntas e então nós três – invulneráveis agora – iríamos caminhando de volta para casa. Se eu me esquecesse, as preocupações aumentavam. Fazíamos promessas para nos lembrar da próxima vez.

O desenvolvimento dessas pequenas táticas de verificação era automático, uma parte assumida e completamente normalizada de ser mulher. Em seu livro recente, *Me mande uma mensagem quando chegar em casa: A evolução e o triunfo da amizade feminina moderna*, Kayleen Schaefer escreve sobre a dificuldade que a frase "me mande uma mensagem quando chegar em casa" provoca nas amizades femininas:

> Minha melhor amiga, Ruthie, que mora a poucos quarteirões de mim no Brooklyn, e dizemos isso uma para a outra depois desse tipo de noite. "Eu te amo", uma de nós dirá. "Me mande uma mensagem quando chegar em casa", a outra dirá. Dizemos aquilo que os homens não dizem a seus amigos para enviar uma mensagem quando chegarem em casa.[113]

Schaefer explica que não se trata estritamente de segurança. É a nossa maneira de mostrar solidariedade mutualmente, de reconhecer a gama de riscos e aborrecimentos que qualquer mulher andando sozinha pode enfrentar. Esse pedido para enviar uma mensagem, sabendo que suas amigas estarão atentas aos seus celulares, ou que elas reunirão um grupo para vir pegar você no clube ou na estação de metrô é um ato que forja uma rede de conexão. Schaefer escreve que esta rede é "uma forma de as mulheres dizerem às outras: 'Estou sempre com você'. Não vou me esquecer de você quando for embora". Mesmo anos depois, quando Jill e eu nos encontrávamos para beber e depois voltávamos para casa seguindo direções opostas, ficávamos uma na frente da outra nas plataformas do metrô, olhando uma para a outra o máximo de tempo possível até que um trem entrasse na estação.

De volta à universidade, me irritei com esses arranjos difíceis de ligar, esperar, caminhar, etc. Eu sabia que o risco era mínimo na maioria de nossas atividades, mesmo quando estava sozinha. Não me lembro se eu já sabia que as mulheres correm muito mais risco de violência pessoal e íntima do que pública e de um estranho, mas creio que instintivamente eu entendi que becos escuros não escondiam dezenas de estupradores. E, como estudantes universitárias, éramos muito mais propensas a enfrentar ataques em nosso dormitório do que na rua.

Ao mesmo tempo, não nos culpo por sermos protetoras das nossas amigas. O temido "Estuprador de Scarborough" acabara de ser detido em 1993, um ano antes de começarmos a universidade. Os seus crimes hediondos e de sua esposa e os subsequentes terríveis e explícitos julgamentos foram notícias constantes até pelo menos o final de 1995.[114] Tínhamos um sentido de responsabilidade muito palpável entre nós, embora fôssemos amigas há pouco tempo. Em contraste, os homens em nossa residência pareciam determinados a se matarem com suas ridículas competições de masculinidade, entornando bebida alcoólica na garganta dos outros até que alguém acabasse no hospital, ou brigando com desconhecidos na rua. Nosso dever de cuidar uma da outra era claro e inegável, não importa o quão exasperantes nossos check-ins às vezes parecessem.

Fiquei grata por ter amigas que se importassem. Depois de cada noite fora, conseguíamos chega em casa, mesmo que isso significasse implorar aos motoristas de táxi que aceitassem as sobras de troco. Lutamos contra assediadores em boates com cotovelos e botas bem posicionados.

Dávamos as boas-vindas, com chá e biscoitos, depois de visitas tensas à família no subúrbio. Levávamos uma de nós ao hospital depois de quedas, acidentes de bicicleta e problemas de estômago. Nós nos mantemos seguras e, mais ainda, nós nos ajudamos a aprender a ocupar o espaço, a lutar, a sermos nós mesmas, apesar dos constantes lembretes de como devemos nos aparentar ou comportar. Minhas amigas eram minha rede de segurança, meu kit de ferramentas de sobrevivência na cidade. Schaefer exclama que suas amigas "são como um bote salva-vidas que eu não sabia que estava à procura antes de embarcar nele".[115] Estar com minhas amigas me ajudou a desafiar a crença profundamente arraigada e inconsciente de que eu deveria ocupar, física, emocional e verbalmente muito pouco espaço. Elas me ajudaram a direcionar minhas frustrações para as escolas, sistemas e estruturas, em vez das outras mulheres, e a me sentir mais forte e menos medrosa. A amizade feminina, em resumo, era mais do que um bote salva-vidas: era poder.

As emoções associadas àquela época da minha vida voltam sempre que assisto a *Broad City*, criado pelas amigas na vida real Abbi Jacobsen e Ilana Glazer. No programa, Abbi e Ilana moram em Nova York e estão subempregadas, com casas precárias e sempre à beira de um desastre pessoal, romântico, profissional ou financeiro. Elas amam Nova York, mas lutam para progredir nessa cidade insensível, cara e frenética. Os espaços da cidade que elas habitam, reivindicam, resistem, fogem e, às vezes, caem fazem parte de sua história compartilhada. Como um crítico do *The Guardian* observa, Abbi e Ilana "criam uma existência juntas na cidade de Nova York. Trabalham em empregos que elas odeiam, fazem sexo com caras que simplesmente detestam e em geral fazem da cidade o seu playground".[116] Sempre correndo o risco de se machucar naquele playground, literal e figurativamente, as duas mulheres se apoiam de forma incondicional. Elas são a rede de segurança urbana uma da outra.

Broad City é uma versão *millennial* de uma história importante sobre a vida das mulheres na cidade, contada por meio de programas icônicos como *The Mary Tyler Moore Show*, *Kate e Ally*, *Laverne e Shirley* e *Cagney e Lacey*. Todos os programas que foram aclamados por suas representações revolucionárias das mulheres, tinham tanto a cidade quanto o local-chave para a independência e o crescimento das mulheres, e amizades duradouras como as relações fundamentais que permitiram às mulheres romper com os papéis tradicionais. Hoje, *Insecure*, criada e estrelada por Issa Rae, usa Los Angeles como cenário para uma história sobre a necessidade das amizades das mulheres negras para sua sobrevivência em um mundo que quer frustrar suas ambições e se recusa a vê-las como pessoas completas e complicadas. Issa e sua melhor amiga Molly (interpretada por Yvonne Orji) lutam juntas no labirinto entrelaçado de racismo e sexismo no trabalho, as dificuldades de encontrar parceiros românticos que respeitem seu intelecto e talento e o desafio de manter sua gangue de garotas unida ao longo das mudanças na em suas vidas. Em contraste com as palhaçadas exageradas de *Broad City*, *Insecure* lança uma luz às vezes dolorosamente realista sobre desgosto, ansiedade econômica e falta de realização na cidade global. Ambos os programas, no entanto, mantêm a amizade (por mais carregada que seja) central para a sobrevivência dos personagens.

Por sua vez, a cidade permite que a amizade feminina se desenvolva em seus próprios termos. Na vibrante, barulhenta e muitas vezes surreal Nova York de *Broad City*, a cidade, às vezes, é como uma entidade viva que engole todos os seus esforços para ganhar estabilidade e sucesso. No entanto, sempre fornece uma paisagem para que Abbi e Ilana se unam. Seu compromisso "cavalgar ou morrer" juntas satura cada episódio. Mesmo que se encontrem em situações absurdas, muitas vezes criadas por elas mesmas, elas estão sempre lá para se resgatarem sem julgamentos. Como outro revisor do *The Guardian* assegura,

> Elas são fustigadas pelo destino mais do que o pobre Ulisses, enviadas de uma esquina à outra na cidade de Nova York em uma série de desventuras e encontros mortais. No primeiro episódio da terceira temporada, elas deixam cair as chaves em um bueiro, são atacadas por um vagão de metrô em movimento, ficam presas em um banheiro químico, são sequestradas na traseira de um caminhão de entrega e assaltadas por uma horda de clientes raivosos em uma loja de bricabraques.[117]

Mas de cada enrascada que conseguem escapar parece pensado para mostrar ao espectador outra visão da profundidade dessa amizade. *Broad City* não considera nenhum dos estereótipos negativos sobre a amizade entre mulheres, nem por um minuto. Em vez disso, vemos a amizade feminina como engajada, permanente e resistente.

Erin Wunker sugere que priorizar a amizade feminina, até mesmo escrever sobre ela ou representá-la na tela, é um ato de insurgência que começa a desfazer o tecido fortemente urdido da heteronormatividade, do capitalismo, do trabalho reprodutivo e da domesticidade.[118]

Juntas, Abbi e Ilana, Issa e Molly, repetida e decisivamente e às vezes de forma muito confusa, falham em respeitar as normas e os padrões da vida adulta e dos relacionamentos heterossexuais. Mas, nesse fracasso, elas geram um mundo – e uma cidade – onde a sua amizade pode ser o eixo em torno do qual tudo gira.

A própria cidade pode ajudar as amizades das mulheres a progredir. As mulheres fazem amigas nos subúrbios, com certeza. Mas o design da paisagem suburbana incentiva um foco privado e interno. Mudança da garagem para SUV sem necessidade de sair de casa, sobrecarregada com os cuidados de uma grande casa, encorajada a fazer uso do quintal como um espaço de lazer privado: a mulher suburbana pode ter poucas oportunidades ou necessidades de fazer novas amigas ou manter as antigas amizades. Lembre-se da insistência de Betty Friedan de que os subúrbios isolavam deliberadamente as mulheres, mantendo-as ligadas ao mundo interior do lar e cultivando uma sensação de solidão e até mesmo de desespero. Posso dizer, por experiência própria, que morar na cidade me empurrou para fora de casa quando eu tinha uma filha pequena. Morando em um minúsculo apartamento de subsolo sem quintal, passava todos os dias do verão nos parques locais, onde conhecer uma mãe se transformava em conhecer cinco ou seis. Nossas amizades cresceram e gradualmente se estenderam além do período com as crianças para incluir jantares, filmes, festas e muito mais. A facilidade de poder aparecer na casa das outras nos manteve em constante contato.

Ao mesmo tempo, tentava acompanhar e em alguns casos restabelecer minhas amizades universitárias, e a cidade ajudou aqui, embora minhas amigas e eu tivéssemos experiências de pós-graduação muito diferentes e estivéssemos entrando em novas fases de vida. Agora morávamos em bairros diferentes e nossos 23 anos certamente não eram tão despreocupados e enérgicos quanto os de Abbi e Ilana, nem quase tão glamorosos quanto as vidas aspiracionais das amigas de *Sex and the City*. No entanto, estar à distância de uma viagem de metrô dava a sensação de que sempre poderíamos encontrar uma maneira de ficar juntas, que, talvez, nem tanto houvesse mudado, afinal.

OS ESPAÇOS DAS MULHERES GAYS

Na última década, porém, alguns dos espaços urbanos mais importantes para as amizades femininas – aqueles voltados especificamente para mulheres lésbicas e gays – foram perdidos. Historicamente, as lésbicas têm lutado para encontrar espaço nas cidades, já que os bairros gays geralmente se concentram nos interesses e estilos de vida de rapazes gays. Espaços para lésbicas, como bares e livrarias, às vezes, existiram nesses bairros gays. Em outras ocasiões, ruas diferentes se tornariam informalmente conhecidas como áreas favoráveis às lésbicas, como o Commercial Drive em Vancouver e Boulevard St. Laurent em Montreal.[119] Como sugere a pesquisa de Julie Podmore em Montreal, "as formas lésbicas de territorialidade na escala urbana têm sido relativamente 'invisíveis', uma vez que suas comunidades são constituídas por meio de redes sociais em vez de sites comerciais".[120] Conexões de amizade têm sido fundamentais para o 'boato lésbico" que ajuda as mulheres gays a encontrar ruas e bairros que com que você se sinta em casa.

No estudo de Tamar Rothenberg sobre a comunidade lésbica em Park Slope, Brooklyn, intitulado "'E ela disse a duas amigas': Lésbicas criando espaço social urbano", lugares específicos dentro de Park Slope eram locais importantes para o reconhecimento e a sociabilidade lésbica. Isso incluiu o distrito comercial da Sétima Avenida, onde as mulheres descreveram "a experiência de caminhar pela Sétima Avenida em um sábado ou um domingo, vendo muitas lésbicas, encontrando pessoas que conhecem e se sentindo à vontade".[121] A geógrafa Gill Valentine também escreve sobre a importância crucial de amizades entre lésbicas, que podem ter sido rejeitadas pela família e outros amigos ao se assumirem. Amigas lésbicas se tornam uma família substituta e assumem muitos dos papéis de cuidado, apoio, celebração e assim por diante, que são tipicamente assumidos pela família de origem. No estudo de Valentine, as mulheres descreveram a primeira visita a um local explicitamente lésbico como uma espécie de passagem para um mundo diferente, que requer audácia e coragem.[122]

No entanto, muitos desses bairros e lugares estavam prestes a mudar. Já na década de 1970, Park Slope estava começando a ver os efeitos da gentrificação. Os aluguéis crescentes em Greenwich Village tornaram o estoque de prédios antigos, porém atraentes de Park Slope e a relativa proximidade de Manhattan uma alternativa viável. Em um padrão familiar para observadores de gentrificação em dezenas de cidades diferentes, a presença de comunidades alternativas – estudantes, artistas e gays – parece ser um gatilho para a transição de bairros abandonados para desejáveis. Ironicamente, aqueles que tornaram o bairro "legal" em primeiro lugar normalmente não têm dinheiro para ficar. Com suas rendas familiares relativamente baixas, graças à disparidade salarial por gênero e à boa e velha discriminação, as lésbicas são particularmente vulneráveis ao deslocamento.

Essa tendência também afetou espaços comerciais como bares, cafés e livrarias. Em um vídeo recente para a Xtra, uma revista de notícias gays de Toronto, a cineasta e DJ Lulu Wei decidiu investigar o desaparecimento completo de espaços dedicados para mulheres gays em Toronto. Como isso é possível em uma cidade com a maior comunidade gay do Canadá e uma comemoração mundialmente famosa com duração de um mês da Parada Gay que atrai um milhão de visitantes? Wei entrevista vários ex-proprietários de bares, promotores e DJs que culpam a gentrificação, lacunas de renda e falta de espaços acolhedores da comunidade gay. Como disse o DJ Cozmic Cat, "é apenas um fato que duas mulheres juntas terão menos renda, menos renda disponível, para gastar em um clube para mantê-lo aberto. E essas são as mulheres brancas de que estamos falando, não são nem mesmo as mulheres de cor".[123] Empurrada para o Oeste por causa dos altos aluguéis no bairro, a gentrificação estava quase em seus calcanhares. À medida que condomínios, butiques e bares populares apareciam nesses bairros agora "promissores", espaços para mulheres gays, como Less Bar e The Henhouse, foram fechados.

A maioria dos entrevistados de Wei lamentou a perda desses espaços comunitários importantes. No entanto, em um contexto onde os espaços e bairros lésbicos nunca foram particularmente abundantes – mesmo no final dos anos 1990, nosso bar lésbico favorito Slack Alice (mais tarde apenas Slack's) era o único bar para mulheres no bairro – mulheres gays sempre tiveram que encontrar formas para se apropriar do espaço.[124] DJ e promotor Mavis clama por "aquisições gays" dos espaços principais. Bobby Valen, ex-proprietário do The Henhouse, diz que há esperança: "Todos nós queremos algo mais, que é estarmos juntos... às vezes, é sobre tomar um espaço sem pedir permissão".[125] Embora a natureza dos lugares disponíveis tenha sido profundamente alterada, lésbicas e outras mulheres gays, pessoas trans e não binárias continuam a encontrar modos de fazer amizades que salvam vidas e criar novos tipos de espaços criativos e inclusivos como parte de seu kit de ferramentas de sobrevivência urbana.

AMIGAS ATÉ O FIM

Gays ou não, a vida urbana das mulheres está mudando. As mulheres estão se casando mais tarde e experimentando longos períodos de independência entre deixar a casa da família e partir para parcerias de longo prazo. Cada vez mais mulheres não se casam. Em seu poderoso livro *All the Single Ladies: Unmarried Women and the Rise of an Independent Nation*, Rebecca Traister elogia o papel sustentador das amizades femininas e sua crescente importância: "Entre as verdades amplamente não reconhecidas da vida feminina é que os relacionamentos primários, fundamentais e formativos se formam entre mulheres como acontece com os homens que aprendemos desde a infância acontecem com pessoas que nos completam".[126]

Traister observa que nossas identidades, sonhos e objetivos estão sendo construídos com nossos amigos, e não pelos caminhos tradicionais do casamento e da família. Da mesma forma, Schaefer reconhece que suas amizades femininas "são marcadas por todos os sinais de relacionamentos românticos, exceto por serem platônicas. Mas são histórias de amor... não deixamos a outra pessoa ir embora".[127] Em seu prefácio para sua melhor amiga e "esposa de trabalho", no livro de Phoebe Robinson, *You Can't Touch My Hair*, a comediante Jessica Williams escreve:

> Ela ainda se refere a mim como sua Oprah ou Gayle, dependendo do tipo de dia que estamos tendo. Ela ainda diz a sujeitos terríveis em bares que insistem em conversar conosco sem ter nenhum assunto, "Por favor, dê o fora". Nosso primeiro show juntas foi como um excelente primeiro encontro. Descobri naquela noite que Phoebe era capaz de dizer coisas profundamente importantes para mim. Que ser negra e feminista é um trabalho de tempo integral. Como #fodaseopatriarcado, embora nós duas costumemos sair com rapazes brancos que parecem ter deficiência de Vitamina D e provavelmente se bronzeiam com muita facilidade. Pois vidas negras realmente importam.[128]

As amizades femininas estão começando a ser reconhecidas por fornecer coisas que a parceria romântica (especialmente com homens) não consegue, como um conjunto compartilhado de experiências e até mesmo uma base feminista forte. E as cidades estão oferecendo os ambientes onde as mulheres podem fazer e manter essas conexões, talvez pelo resto da vida.

Mesmo que aquelas longas noites de conversas íntimas que nunca acabam sejam poucas entre mim e minhas amigas, não deixamos de imaginar nosso futuro juntas. Sentindo, talvez, que a maioria sobreviverá a qualquer homem em nossas vidas, ou que uma parceria de vida inteira pode não estar nas cartas, e que contar com nossos filhos pós-*millennial* para cuidar de nós provavelmente não seja um plano sólido, muitas vezes brincamos ter, em breve, de reservar vagas na mesma casa de repouso. Talvez nossos parceiros estejam lá, apenas em uma ala separada. Em minhas fantasias, é como voltar a viver numa república universitária com Kate e Jill, apenas um pouco mais sofisticada, porém muito mais relaxante.

Não estamos sozinhas nessa visão. Meus feeds de mídia social estão cheios de moças (e rapazes) professando seu amor pelas *Golden Girls* com hashtags como #goals. Mesmo que muitas dessas pessoas sejam provavelmente muito jovens para ter assistido à brilhante sitcom durante sua temporada original, algo sobre as vidas de Dorothy, Blanche, Rose e Sophia passou de parecer um triste prêmio de consolação – passando seus anos dourados vivendo com seus amigos e sua mãe em uma comunidade de aposentados. Posso até imaginar as amigas de *Sex and the City* vivendo juntas uma versão nova-iorquina da vida das *Golden Girls*: os filhos de Charlotte e Miranda saem de casa; Mr. Big morre de um ataque cardíaco fulminante no banco de trás do seu carro; as mulheres se reúnem para *brunches* cada vez mais longos no *brownstone* de Miranda no Brooklyn, até que, por fim, Steve se muda para o porão e os amigos nunca mais saem. Na vida real, como a pesquisa de Traister deixa claro, o sonho de envelhecer com um parceiro romântico por toda a vida parece irreal, indesejável ou chato como o inferno. Em vez disso, muitas pessoas, mulheres em particular, estão fantasiando sobre uma velhice cercada de amigas e todo o cuidado, apoio, diversão e aventura que as amizades oferecem.

Não sei se esse plano algum dia irá se concretizar, mas há algo de mundial em imaginar um futuro centrado na amizade feminina. Como diz Schaefer, nossas amigas são "fundamentais" para nossas vidas e não vamos abrir mão delas. Em vez disso, "estamos reformulando a ideia de como nossos sistemas de apoio público devem ser e como eles podem ser".[129] Mas a fantasia do lar de idosos é uma visão bastante privatizada de um espaço onde isso é possível, um que depende de escolhas pessoais e da capacidade de pagamento. Não requer necessariamente mudanças mais amplas nas estruturas sociais ou no ambiente construído. Portanto, a grande questão é como poderíamos criar ou redirecionar espaços, especialmente espaços urbanos, de forma que abram uma ampla gama de possibilidades para sustentar e praticar os tipos de relacionamentos que pensamos que irão nos apoiar ao longo da nossa vida?

É uma pergunta desafiadora com muitos obstáculos até se obter uma resposta. A amizade, uma preocupação central na infância e na adolescência, não é levada tão a sério na idade adulta e, claro, existe em um contexto informal e não estruturado. Ao contrário do casamento, não é reconhecido pelo Estado e não existem laços de amizade formais ou legais. Provavelmente, é assim que deveria ser, mas, mesmo sem uma "licença de amizade", as amizades adultas poderiam ser consideradas entre as relações e valores importantes para a imaginação dos lugares urbanos. Mas é particularmente difícil quando a amizade é sempre contrastada e, em seguida, diminuída em relação a conexões "legítimas", como aquelas cimentadas por casamento, por laços sanguíneos ou intimidade sexual.

Também não é segredo que abordar famílias que não se alinham com o modelo de família nuclear ou curso de vida "típico" – passar de solteira a casada, a ter filhos e, finalmente, a ter a casa vazia – é raro no planejamento e na política da cidade. Como observa a crítica feminista de planejamento Carolyn Whitzman, o planejamento sempre foi uma profissão dominada por homens brancos.[130] Questões sobre gênero, sexualidade e famílias são tipicamente vistas como algo fora do quadro técnico e racional atribuído à prática de planejamento. O planejador Deland Chan observa que "o planejamento de baixo e o trabalho 'suave' centrado nas pessoas, como o alcance da comunidade, não são atribuídos ao mesmo tipo de valor" que o trabalho de projetar a infraestrutura "pesada" da cidade.[131] Integração de gênero abordagens podem ajudar a atribuir maior valor ou pelo menos chamar a atenção para as preocupações que foram classificadas como "leves", não por acaso, porque estão associadas às mulheres e à feminilidade. Urbanistas feministas afirmam que existe uma "velha guarda entrincheirada ligada a antigos paradigmas, desinteressada em testar ou explorar os novos", a menos que envolvam algoritmos sofisticados e um monte de dados.[132] Mesmo dentro da geografia feminista, a amizade tem recebido muito pouca atenção como um "modo de vida", ou um conjunto de relações e experiências que moldam e são moldadas pela cidade.

Se as formas tradicionais de famílias heteropatriarcais estão diminuindo rapidamente como regra na vida da maioria das pessoas, e certamente para grande parte de suas vidas, não é hora de olharmos para outras formas de estar em relação às outras mulheres como a base para moldar nosso futuro urbano? Considerando todas as maneiras pelas quais as mulheres contam com suas amigas para fornecer, não apenas o apoio emocional da amizade, mas o próprio suporte material, como creche compartilhada, assistência a idosos, transporte, moradia, assistência médica e tantas outras coisas completamente necessárias, será que não faz sentido que as cidades tenham infraestrutura para apoiar esses arranjos? Certamente, poderíamos ter um argumento econômico em torno da amizade das mulheres. Como Traister observa, as mulheres reunidas lotam restaurantes, bares, lojas e cafés do brunch até a hora de fechar. Ela se lembra de ter se mudado para Nova York e visto mulheres ocupando espaço juntas: "Elas – nós na verdade – estávamos sugando toda a energia das calçadas desta cidade, povoando suas ruas e seus teatros e seus prédios de escritórios e apartamentos, dando a esta cidade seu caráter, seu ritmo, sua beleza e sua velocidade".[133]

Em minha própria pesquisa sobre a explosão de condomínios em Toronto, descobri que os construtores estavam comercializando seus edifícios com imagens desse tipo de cidade de diversão e amizade, 24 horas por dia, 7 dias por semana.[134] Entretanto, isso leva a um grupo demográfico muito pequeno e privilegiado das jovens profissionais, a maioria sem filhos, que têm renda disponível e podem usar a cidade para aprimorar seu estilo de vida. Ainda é um longo caminho a partir de uma cidade criada para nutrir, aprimorar e até mesmo contar com redes de amizades femininas como parte integrante e profundamente necessária da vida cotidiana.

Há mais de cem anos, espaços comuns para mulheres solteiras, como a Casa Hull de Jane Addams, em Chicago, foram construídos para manter as jovens longe de problemas e seguras em um ambiente urbano aparentemente hostil. Embora a amizade não fosse a base explícita para esses lares, a noção de que as mulheres dependiam umas das outras, em vez de homens individualmente, para apoio, companhia, trabalho compartilhado, educação e muito mais era o etos prevalecente. Hoje, há poucos desses espaços e, de fato, as barreiras para tornar o espaço compartilhado abundam. Ser coproprietária de um imóvel com uma amiga é incomum e geralmente desaconselhável; as práticas de zoneamento podem limitar o número de "famílias" que podem ocupar um espaço compartilhado; e condomínios e outras moradias com várias unidades são muitas vezes locais onde as pessoas vivem por breves períodos, pois não foram projetados com as necessidades de diferentes tipos de famílias e tamanhos em mente, interrompendo assim quaisquer redes que possam se desenvolver ali. Essas restrições, combinadas com altos custos de moradia, podem manter as mulheres presas em relacionamentos insustentáveis, ou mesmo abusivos, quando não podem se sustentar para sair da casa que compartilham com um cônjuge ou parceiro. A mudança para dividir os projetos de habitação social em bairros de renda, social e comercial mista também mexe com as redes sociais de apoio que as mulheres de baixa renda desenvolvem para se ajudarem a sobreviver.

Em última análise, não acho que possamos confiar na política urbana e no planejamento para sustentar ou gerar os tipos de espaços que permitem que relacionamentos não tradicionais floresçam. Paradigmas de planejamento e regimes de propriedade que favoreçam determinados tipos de propriedade demoram a mudar. Além disso, na maioria das cidades, o mercado imobiliário privado determina quais tipos de espaços são construídos, quais empresas sobrevivem e até mesmo quais serviços serão prestados. Como mostra o exemplo de lugares em desaparecimento para mulheres gays, os altos custos dos espaços comerciais junto com a gentrificação são fatores-chave que moldam as possibilidades de ter e manter os tipos de sites que facilitam e nutrem as redes sociais e amizades femininas. E embora eu ache que haja grande sabedoria e premeditação em estabelecer a sociedade de forma que muitos tipos diferentes de relações sociais existam como redes de segurança que podem nos sustentar durante doenças, desemprego, velhice, etc., há algo radical e, portanto, assustador, sobre as mulheres, em particular, encontrando formas de optar por não participar de instituições como o casamento e até a própria monogamia heterossexual.

O esforço mundial de imaginar uma cidade de amigas é um pouco tortuoso, até um pouco desafiador. Afinal, se você escolheu uma vida de acordo com muitos dos princípios da heteronormatividade (ou homonormatividade, nesse caso), incluindo casamento ou compromisso de longo prazo, propriedade de imóveis, criação de filhos, etc., o que significa fantasiar sobre um ponto em sua vida em que esse "núcleo" central de relacionamentos e responsabilidades fica em segundo plano? Ou, ainda mais radicalmente, perceber que pode escolher uma vida sem nenhuma dessas coisas e ainda ter relacionamentos próximos, de apoio e profundamente comprometidos ao longo de toda a vida? Nunca devemos subestimar o poder – e a ameaça – de desafiar a centralidade da família nuclear, culturalmente, legalmente e espacialmente.

Wunker insiste que o foco na amizade tem um potencial revolucionário. Isso desafia a lógica patriarcal: "Existem corpos com outros corpos – rindo, chorando, cozinhando, dançando, se abraçando – sem nenhum imperativo de procriação ou outros trabalhos reprodutivos. Amizade como contraponto à ideologia capitalista. Amizade como sua própria economia".[135] O estudioso,

Kim TallBear, de Dakota, sugere que também pode atrapalhar a lógica dos colonos. TallBear fala sobre hetero e mesmo homonormatividade como parte da estrutura da "sexualidade do colono": formas de relacionar esse valor com a monogamia imposta, a propriedade privada e um conjunto particular de relações com o estado, que foram impostas aos povos indígenas e fazem parte do processo contínuo de expropriação indígena.[136] A sexualidade dos colonos é, portanto, parte da estrutura que estabiliza e normaliza o estado colonial. Também denigre o valor de muitas outras maneiras de estar "em relação", incluindo amizades, não monogamia, relacionamentos com a terra e relacionamentos com não humanos. TallBear afirma que esses outros modos de estar em um relacionamento são profundamente desestabilizadoras para as estruturas de poder colonial.

Talvez imaginar a cidade centrada na amizade pareça impossível simplesmente por causa disso: se as mulheres dedicassem um pouco mais do seu amor, trabalho e apoio emocional às redes de amizades, o sistema – como os homens o conhecem – desabaria. É uma perspectiva radical a se considerar e que descentraliza profundamente a família e o estado. TallBear insiste:

> Tenho esperança radical de que as relações com os colonos baseadas em hierarquias violentas e conceitos de propriedade não tenham que ser tudo o que existe. Podemos ter uma esperança radical em uma narrativa que envolve não redimir o estado, mas cuidar dos outros como parentes. Como vivemos bem aqui juntos? O estado falhou e continuará a falhar em nos ajudar a fazer isso.[137]

Se mulheres, povos indígenas, pessoas de cor, gays e pessoas trans insistem em valorizar e recentrar relações que têm sido sistematicamente minadas, o status quo inevitavelmente se inclina de modos que são assustadores e fantásticos. Este é um grande passo em direção à cidade feminista, a cidade que valoriza os relacionamentos das mulheres, descentraliza o núcleo familiar e permite que mulheres e moças ocupem o espaço e construam seu relacionamento ao seu modo.

CAPÍTULO 3

CIDADE
DE
UMA

Dificilmente se passa uma semana sem o aparecimento de mais uma coluna, matéria ou meme viral condenando o nosso vício em tecnologias digitais móveis. Como nos pânicos anteriores da tecnologia na televisão doméstica ou no videogame, somos alertados de que toda a atenção que estamos dando à nossa tecnologia pessoal está criando crianças antissociais, fomentando o rompimento de relacionamentos íntimos, tornando-nos mais superficiais e individualistas, e rompendo os nossos laços de civilidade e sociabilidade que mantêm as sociedades humanas unidas. Os pensadores urbanos também embarcaram nesse trem do pânico: de acordo com alguns deles, o uso de smartphones, tocadores de música digital e outras tecnologias portáteis estão contribuindo para um ambiente urbano mais atomizado e hostil, onde as pessoas não participam da vida social coletiva.

Nessas visões, nunca está claro quem são esses sujeitos sociais urbanos, ou que tipos de corpos eles habitam.

Essas críticas romantizam um passado imaginado quando as ruas das cidades eram abertas e amigáveis e vislumbram um presente, em que arrancar os fones de ouvido de nossas orelhas criaria versões modernas da ágora, com uma multiplicidade de interações sociais espontâneas, gerando um renascimento urbano. Não sabemos qual o feitiço mágico que baniu o sexismo, o racismo, a pobreza ou a homofobia de nossas ruas civicamente engajadas. Essas ricas fantasias certamente nunca consideram que, para algumas pessoas, celulares e fones de ouvido fazem parte de nosso kit de ferramentas de sobrevivência urbana.

ESPAÇO PESSOAL

Virginia Woolf escreveu que "assombrar as ruas" em Londres estava entre os "maiores prazeres".[138] Mover-se confortável e silenciosamente pela cidade, vagar por entre pessoas estranhas e fascinantes era uma atividade acalentada. Para as mulheres, no entanto, ser uma flanadora é preocupante. Gostar de ficar sozinha exige respeito pelo espaço pessoal, um privilégio que raramente foi concedido às mulheres. O *flâneur* idealizado entra e sai da multidão urbana, junto com a cidade, mas também é anônimo e autônomo.[139] Hoje, o *flâneur* pode tocar suas músicas favoritas em seus fones de ouvido enquanto caminhando pelas ruas, desfrutando de sua própria trilha sonora de uma aventura urbana pessoal.

Adoro ter meus fones de ouvido e música comigo na cidade também, mas para mim e muitas outras mulheres, eles fornecem mais do que uma forma de entretenimento. Podem ser pequenos, mas criam uma barreira social contra as intrusões muito regulares e quase sempre indesejadas dos homens. É impossível saber quantas conversas indesejadas e incidentes de assédio nas ruas evitei, sabendo ou não, por causa dos meus fones de ouvido. Posso, no entanto, pensar em ocasiões em que um pequeno conjunto de fones de ouvido brancos poderia ter me salvado de encontros humilhantes e profundamente sexistas.

Lembro-me de voltar para casa certa tarde de um turno diurno no pub onde trabalhava no Norte de Londres. Um homem estava sentado em um carro estacionado fez um sinal para mim. Porque ele estava parado em um lugar estranho (e porque sou uma canadense prestativa), achei que ele queria alguma indicação. Na verdade, ele estava se oferecendo para fazer sexo oral em mim. Ele falou de uma forma menos educada ainda. Não consigo me lembrar do que eu disse a ele, se é que eu disse alguma coisa, mas andei o resto do caminho para casa tremendo e olhando por cima do ombro, com medo de que ele estivesse me seguindo até em casa onde eu morava sozinha.

Ali estava eu, tentando ser uma boa cidadã urbana. Deixei de andar tranquilamente de volta para casa depois de trabalhar como atendente de balcão, que envolve horas de bate-papo obrigatório com bêbados, para ajudar um homem totalmente estranho. Encontros como esse só conseguiram diminuir minha simpatia por aqueles que gostariam de ter tido um passado ilusório cheio de gentilezas entre vizinhos no meio da rua. Para muitos, isso nunca fez parte de sua experiência urbana. Para nós, a capacidade de estar sozinho é um marcador igualmente importante de uma cidade bem-sucedida. Até que ponto as violações ao espaço individual das mulheres por meio de toques, palavras ou outras infrações são toleradas e até mesmo encorajadas numa cidade serve para mim como uma medida tão boa quanto qualquer outra de quão longe estamos, na realidade, da cidade sociável – e feminista – de encontros espontâneos.

Essa grande distância me atingiu recentemente, quando um artigo intitulado "Como falar com uma mulher usando fones de ouvido" foi divulgado nas redes sociais.[140] Escrito por um homem que parece se identificar como um PUA[1], o artigo começou a circular em agosto de 2016 e fez com que minha linha do tempo do Twitter principalmente feminista entrasse em colapso. O autor começa insistindo que até mesmo as "feministas malucas" "derretem instantaneamente e são legais quando um cara bastante confiante se aproxima e as cumprimenta", então os homens não devem hesitar em insistir com uma mulher que tire seus fones de ouvido. Ele garante a seus leitores masculinos que não importa quais sejam os sinais que as mulheres deem, elas intimamente desejam que os homens interrompam o que elas estão fazendo. Na verdade, o artigo sugere que os homens devem insistir, mesmo se elas demonstrarem claramente que não estão interessadas.

As críticas na mídia social a esse artigo soaram engraçadas, como este tweet de Amy Elizabeth Hill: "Sou

---

1 Um PUA (abreviação de pick-up artist) é uma pessoa, em geral, um homem, que encontra múltiplos parceiros sexuais, como um jogo pessoal de sedução.

apenas uma garota usando fones de ouvido de pé na frente de um garoto pedindo para ele sair do meu caminho, porque não quero falar com ele" (@amyandelizabeth, 30 de agosto de 2016). Outros usaram meios de comunicação mais tradicionais para fornecer análises incisivas de todas as formas como esse conselho perpetua a cultura do estupro. Por exemplo, Martha Mills respondeu em *The Guardian* evocando a crescente sensação de medo que as mulheres sentem quando são abordadas repetidas vezes, quando nossos sinais negativos são ignorados ou mal interpretados e quando nossos limites são violados. Ela explica: "Meu cérebro está tentando lutar ou fugir, checando as rotas de fuga, tentando calcular o quão agressivamente você irá reagir diante de qualquer ação que eu tomar para sair de uma situação que eu não provoquei". Fazendo a conexão com a cultura do estupro, Mills continua observando que "o conselho aqui é basicamente 'Não, não significa não, significa seguir até conseguir o que deseja – a gritaria, no final, vai parar por si só', porque, aparentemente, é isso o que as mulheres querem".[141]

"Como falar com uma mulher usando fones de ouvido" ilustra a incapacidade de (alguns) homens de reconhecer que as mulheres têm o desejo ou o direito de ficarem sozinhas em público. É incompreensível para o autor e seus apoiadores que as mulheres não queiram o tempo todo, mesmo secretamente, a atenção dos homens. Eles são incapazes de compreender que cada interação dessas está recheada com uma enorme bagagem da cultura do estupro e uma vida inteira de socialização de gênero contraditória: cuidado com estranhos, mas, também, seja boazinha com homens estranhos.

Esse paradoxo foi ilustrado de forma dolorosa pelo assassinato de Mollie Tibbetts em julho de 2018. Correndo sozinha perto de casa, no Brooklyn, Iowa, Tibbetts foi assassinada depois de ter supostamente ignorado as tentativas de um homem de falar com ela. O suspeito tem um histórico de assediar, de forma repetida, mulheres que rejeitam seus avanços. Embora grande parte da mídia tenha se concentrado na situação de imigrante do acusado, as feministas falaram sobre o assédio que as mulheres enfrentam. Depois que a CNN citou um estudo do Runner's World[142] sobre assédio alegando que um "número surpreendente de mulheres alegam terem sido assediadas enquanto corriam",[143] mulheres nas redes sociais responderam com incredulidade: "Surpreendente, para quem?", tuitou a atriz June Diane Raphael (@MsJuneDiane, 23 de agosto de 2018). Mulheres ciclistas também relatam assédio sexual, além das ameaças que recebem quando ousam ocupar espaço na estrada.[144] Esse tipo de assédio não é apenas rotina, mas também perigoso. As mulheres são orientadas a ignorar esse comportamento desagradável, mas, quando o fazemos, corremos o risco de sofrer reações de todo o tipo de violência.

Nesse ambiente cultural, ficar sozinha é um luxo para as mulheres e raramente desfrutamos dele por muito tempo. Estamos sempre prevendo a próxima abordagem de um estranho e não temos como saber se essa interação será benigna ou ameaçadora. Usar fones de ouvido é uma forma como as mulheres podem tentar conquistar seu espaço pessoal, mas até mesmo esse pequeno símbolo de independência é facilmente ignorado. Para as mulheres, o anonimato e a invisibilidade são sempre temporários e devem ser protegidos. Adoraria viver em uma cidade de encontros sociais amigáveis e espontâneos também, mas até que eu tenha certeza de que os homens respeitarão minha autonomia e segurança, não vou me desculpar por usar meus fones de ouvido e ser antissocial.

MESA PARA UMA

É preciso ter uma enorme energia mental para trafegar pelos espaços urbanos públicos e privados como mulher desacompanhada. Em um episódio de *Sex and the City*, Samantha, que é normalmente confiante, está em um restaurante elegante. Ela se sente humilhada e envergonhada por ter sido forçada a se sentar sozinha, ressentindo-se dos olhares de pena dos outros fregueses. Sua raiva por ter levado um bolo torna-se secundária em relação ao constrangimento que ela sente pelo olhar dos outros à sua volta. Um homem que está jantando sozinho pode ser visto como um homem de negócios que esteja viajando, ou, simplesmente, com muita autoestima. É improvável que ele seja incomodado ou que tenham pena dele. Uma mulher que esteja jantando sozinha sente-se deslocada, exposta e um pouco triste. Na série, a escritora Carrie se pergunta por que isso tem que ser assim. Ela se desafia a sair para jantar sozinha, sem levar nenhum livro ou jornal para acompanhá-la (o episódio foi gravado antes da era dos smartphones).

Nada dramático acontece, mas a apreensão de Carrie ilustra como a decisão de apenas ir jantar sozinha pode se tornar muito difícil.

Os constantes cálculos e as "verificações viscerais" finais associadas a sair sozinha são difíceis o bastante em sua cidade natal, mas ainda mais difíceis quando se viaja. Em 2015, eu estava fazendo pesquisas em Chicago e em Atlanta e tive que passar a maior parte do meu tempo sozinha nessas cidades, onde tinha poucos amigos e os encontros de pesquisa não ocupavam os dias inteiros. Pelo menos, uma vez por dia e geralmente mais, eu tinha que me aventurar sozinha em um bar ou restaurante para comer. Às vezes, planejava com antecedência, vendo fotos e comentários no Google. Eu estava curiosa sobre o menu e os preços, é claro, porém, mais frequentemente, eu estava procurando uma indicação de uma categoria que não é (mas talvez devesse?) incluída em uma avaliação normal: é um lugar confortável para uma mulher se sentar sozinha?

Depois da busca online, veio passar em frente. Isso também fazia parte da minha rotina para descobertas mais "espontâneas" quando eu já estava fora de casa. Às vezes, a passada consistia, na verdade, de três ou quatro passadas, tentando dar uma olhada lá dentro através das janelas ou de cortinas escuras. Havia muitas pessoas lá dentro? Alguém mais estava sentado sozinho? Os atendentes parecem solícitos? O momento de entrar é muito estressante. Sou corajosa o suficiente para dar meia-volta e sair se eu me sentir estranha? Também sou corajosa o suficiente para ir até o balcão e me sentar? Às vezes, nem tenho coragem de entrar, optando por fast food e Netflix.

Mas, como pesquisadora urbana (e alguém que gosta de uma refeição decente), não posso ficar escondida no quarto do hotel toda vez que sair para fazer pesquisas ou viajar para uma conferência. Confesso que assim que encontro um pub no bairro que me pareça confortável, em geral retorno várias vezes. Dá muito trabalho e é muito estressante descobrir um lugar novo a cada refeição. De novo, pareço ter falhado na aventura urbana.

Tenho certeza de que não estou sozinha ao sentir ansiedade e me questionar quando se trata de escolhas aparentemente básicas, como onde comer um hambúrguer vegetariano ao final do dia. A ansiedade sequer está necessariamente relacionada ao medo de homens ou de danos físicos. Em vez disso, é um cálculo feito para descobrir a probabilidade dos meus limites pessoais serem respeitados em todos os momentos. Como mulher, o privilégio de poder cuidar da minha própria vida é raro. Também é verdade que não posso prever quando uma interação benigna se transformará em uma ameaça, o que significa que tenho que ser cautelosa. Essa realidade cotidiana pinta um quadro sombrio da vida urbana, que sabota tantas visões da "boa" vida urbana.

A influente e muito querida crítica de planejamento, Jane Jacobs escreveu sobre bairros urbanos onde uma animação 24 horas por dia, 7 dias por semana e uma comunidade engajada significava que as pessoas estavam confortáveis em sair à rua.[145] Ela acreditava que a capacidade de se sentir segura sozinha entre milhões de estranhos era o marcador final da habitabilidade de uma cidade. Jacobs escreveu sobre os "olhos na rua" como uma expressão desse engajamento e de um uso misto constante. No entanto, ela não se referia aos olhos da vigilância do estado, CCTV, policiamento ou assédio. Ela também não quis dizer tipos de "olhos" que policiam coisas como expressão de gênero, sexualidade ou o comportamento de minorias raciais e de jovens. Muitas vezes, no entanto, a ideia de "olhos na rua" levou a formas coercitivas de vigilância e assédio que tornam impossível estar segura e sozinha entre estranhos.

Os negros, indígenas e pessoas de cor são normalmente vistos com suspeita em lugares públicos e em geral interrogadas se estiverem circulando, ou pior. Em abril de 2018, dois negros foram presos depois que um gerente de um Starbucks na Filadélfia chamou a polícia, porque eles não haviam comprado nada ainda. Eles estavam apenas esperando a chegada de mais um amigo. Quando ele apareceu alguns minutos atrasado, eles já tinham sido algemados. Eles foram levados para uma delegacia de polícia e detidos por nove horas antes de serem liberados sem acusações.[146] A prisão foi filmada e o vídeo que viralizou gerou protestos públicos e desculpas da Starbucks. Em consequência disso, o autor Teju Cole refletiu por meio do Facebook sobre o que isso significava para os negros na rua:

> Não estamos seguros mesmo nos lugares mais banais. Não somos iguais mesmo nas circunstâncias mais comuns. Estamos sempre a ponto de termos nossas vidas viradas de cabeça para baixo. É por isso que sempre digo que não se pode ser um flâneur negro. Flanar é para os brancos. Para negros em terreno branco, todos os

espaços são cobrados. Cafés, restaurantes, museus, lojas.
Em frente à sua porta. É por isso que somos obrigados,
em vez disso, a praticar a psicogeografia. Andamos de
modo alerta e pagamos um alto preço psíquico por essa
vigilância. Não pode relaxar, negro (Teju Cole, Facebook,
18 de abril de 2018).

O incidente é uma versão extrema das micro agressões
que os negros enfrentam em público, de modo que estar
sozinho exige um constante estado de vigilância e de au-
tovigilância. O jornalista Desmond Cole, de Toronto, em
seu ensaio para o *Toronto Life* sobre suas experiências de ser
"fichado"[147] pela polícia, escreve sobre o "pedágio psíquico" da polícia comum e da vigilância dos cidadãos sobre
pessoas negras:

> Passei a aceitar que alguns reagirão diante de mim com
> medo ou suspeita – não importa o quanto irracional isso
> pareça. Após anos de vigilância policial desnecessária,
> desenvolvi hábitos para verificar meu próprio compor-
> tamento. Eu não ando mais em lojas de roupas de luxo
> como Holt Renfrew ou Harry Rosen, porque em geral sou
> seguido por funcionários super atenciosos. Se vou pagar
> a conta de um restaurante em dinheiro, entrego-o ao gar-
> çom em vez de deixá-lo em cima da mesa, para garantir
> não ser acusado de não pagar a conta.[148]

Esses exemplos ilustram como o privilégio dos brancos está associado ao privilégio de desfrutar de estar sozinho. Pessoas de cor são levadas a se sentir como invasores
ou criminosos em suas próprias cidades, arriscando-se
a ser assediadas, presas e até mesmo de morrer de forma
violenta por atos simples como se sentar num Starbucks,

ou pedir para usar o banheiro público. Como diz Teju Cole, o *flâneur* negro é uma impossibilidade sob o controle da supremacia branca.

As pessoas com deficiência experimentam um tipo diferente de interferência em seu direito de ficar sozinhas. Frequentemente, são abordadas por estranhos (na maioria) bem-intencionados, porém ignorantes, que insistem em "ajudar" sem pedir autorização. Essa ajuda em geral envolve contato físico não desejado, como segurar uma cadeira de rodas ou agarrar o braço de uma pessoa com deficiência visual para guiá-la. A usuária de cadeira de rodas Bronwyn Berg relata a terrível experiência de ter sua cadeira de rodas agarrada por trás por um estranho que começou a empurrá-la em uma rua movimentada em Nanaimo, onde os pedestres ignoravam seus gritos de socorro.[149] A ativista e deficiente visual Amy Kavanagh lançou uma campanha chamada #JustAskDontGrab depois que ela começou a usar uma bengala branca e pessoas passaram a agarrá-la ao longo do seu trajeto de metrô em Londres. Isso não é apenas intrusivo e grosseiro, mas também pode causar lesões. Além disso, muitas vezes é uma expressão de impaciência ou de uma hostilidade velada. A usuária de cadeira de rodas Gabrielle Peters lembra-se de uma vez que um motorista de táxi a empurrou com rapidez até o táxi, fazendo-a cair no chão. Como Berg, Kavanagh deseja que as pessoas com deficiência deem permissão antes de serem tocadas e que sua autonomia física seja respeitada. Berg diz: "Nossos dispositivos de assistência fazem parte do nosso corpo. Não somos móveis para sermos movidos".[150] É ruim o suficiente que o ambiente urbano esteja cheio de barreiras físicas; Berg observa que depois que sua cadeira foi agarrada, ela não pôde entrar em uma loja para pedir ajuda devido aos degraus do lado de fora. A falta de respeito pelos limites pessoais básicos torna ainda mais difícil para as pessoas com deficiência exercerem seu direito de se locomover no espaço público urbano da forma que querem ou precisam.

O DIREITO DE ESTAR SOZINHA

Estar com amigos na cidade permitiu-me, como jovem adolescente, ocupar espaço, experimentar identidades, ser diferente, ser barulhenta, ser eu mesma. As amigas são tão importantes para isso, porque, enquanto estão sozinhas, as mulheres se envolvem em todos os tipos de autopoliciamento para evitar a atenção indesejada e a vigilância hostil de seu corpo e comportamento. Ainda é incrivelmente difícil para mulheres sozinhas ocuparem espaço. Pense na diferença de linguagem corporal e a postura de uma mulher no metrô em relação ao onipresente "homem esparramado" que se senta e abre as pernas de tal modo que ocupa mais de um assento ou força os que estão à sua volta a se encolherem. As mulheres são ensinadas a não ocupar espaço, principalmente de modo individual. O melhor é escapar do sinal do radar.

No entanto, há mais nessa busca em ficar sozinha do que para evitar o assédio. Andar por uma rua ou se sentar a sós em um café cheio é uma forma deliciosa de passar o tempo sozinha para as mulheres. Eu, de fato, percebi isso quando me tornei mãe e tive por vezes a oportunidade de sair sozinha. Havia pessoas à minha volta, mas eu não estava ligada a nenhuma delas emocionalmente. Na verdade, algumas estavam até cuidando de mim: trazendo-me café, limpando a mesa. Foi maravilhoso estar num café e saber que não precisava atender a nenhum dos gemidos ou as perguntas incessantes de uma criança. Talvez, ficar sozinha na rua seja tão precioso para as mulheres, porque em casa somos solicitadas o tempo todo.

As expectativas de gênero em relação à maternidade, trabalho doméstico, administração doméstica, relacionamentos, bichos de estimação e muito mais significam que a casa familiar raramente seja um lugar onde as mulheres possam ter momentos solitários. Como outras mães, tenho muitas histórias de ser regularmente interrompida no banheiro ou no chuveiro. Mesmo nesses espaços mais privados, são esperadas intrusões. É surpreendentemente comum como as mães que dormam pouco continuem bem acordadas depois que toda a família vai dormir. Um blogueiro e pai de três filhos pequenos compartilhou o fato de sua esposa estar extremamente exausta, porque a madrugada era o único momento que tinha para si mesma. A mãe da história diz ao marido que ela tem "sobrecarga sensorial" por ser constantemente tocada, ouvir muito barulho e ter que atender os filhos o tempo todo. Depois que eles vão dormir, ela passa algum tempo com o marido, mas não tem tempo para ficar sozinha, até que ele também vá se deitar. Ela prefere sacrificar algumas horas do seu sono quando ela pode ficar sozinha.[151] Além do "tempo para mim" noturno, muitas mães descobrem que a única forma de garantir um tempo sozinhas é simplesmente saindo de casa.

É profundamente prazeroso pegar um romance ou revista sentada em um café ou bar, ou em um banco no parque, especialmente quando é uma fuga das exigências de casa ou do trabalho. Até trabalhar sozinha em público, às vezes, é um prazer. A mudança de cenário e ruído de fundo podem ser elementos produtivos para escrever, editar e planejar pesquisas. Até mesmo trabalhos de revisão podem parecer menos assustadores. Se eu morasse em uma cidade, quase certamente estaria escrevendo este livro em vários dos meus cafés favoritos.

A raridade de passar algum tempo longe das tarefas domésticas e a sobrecarga geral de trabalho relacionado a gênero e de cuidado tornam as intrusões ainda mais irritantes. Eu sei que o simples ato de sentar e ler em um espaço público acabará chamando a atenção de um homem que quer saber o que estou lendo. Claro, nunca sou interrompida quando me sento para estudar ou escrever com um homem. O enigma é o seguinte: presume-se que uma mulher sozinha esteja sempre disponível para outros homens. Isso remete às noções de mulheres como propriedade dos homens. Se uma mulher em público não está claramente marcada como propriedade pela presença de outro homem ou sinais óbvios, como alianças de casamento (que, claro, também podem simbolizar uniões não heterossexuais), então, ela é um alvo certeiro. As mulheres sabem instintivamente que a forma mais rápida de impedir os avanços indesejados de um homem é dizer a ele que você tem um namorado ou marido. Os homens respeitarão os direitos de propriedade de outro homem mais prontamente do que respeitarão o simples "não" de uma mulher.

Jane Darke, que postulou que a cidade é um "patriarcado escrito na pedra", prossegue dizendo que as mulheres se sentem como "hóspedes" na melhor das hipóteses, sabendo que estão efetivamente no território dos homens e podem ser vistas como invasão de propriedade se eles não "se comportarem de formas específicas". Darke nota os gritos regulares de "Alegre o amor!" dirigido apenas às mulheres.[152] Incontáveis homens disseram-me (ordenaram-me?) para "sorrir" enquanto saio para cuidar dos meus assuntos na cidade. Fui advertida a ser mais "feminina" ao denunciar o comportamento grosseiro dos homens. Se eu não estiver sorrindo e, portanto, mostrando que sou legal, submissa, ansiando agradar aos homens, então sou uma cadela, uma vaca ou um sapo. Alguns podem dizer que não é sexista para um homem dizer a uma mulher que sorria, mas pode imaginar um homem dizendo a outro na rua para sorrir? Erin Wunker abre *Notes from a Feminist Killjoy* com a seguinte declaração: "Tenho um rosto perverso em repouso".[153] Ela lamenta o sorriso de careta automática que é acionado de modo reflexo quando lhe dizem para sorrir. Um reflexo aprimorado sob o patriarcado, aguçado na cultura do estupro. Para muitas de nós, esse reflexo de "sorriso" eventualmente se transforma em reflexo de "mostrar o dedo", uma verdadeira postura desmancha-prazeres. Uma mulher que não sorri é uma mulher que está imersa em seus próprios pensamentos, tem seus próprios planos, não está lá simplesmente para agradar aos homens ou ser um objeto para ser observado. Uma mulher ou pessoa não binária ou com fluidez de gênero que não busca padrões específicos de feminilidade não está lá para agradar ou apaziguar homens heterossexuais. Portanto, elas são uma ameaça.

Elas estão deslocadas. Elas não se comportam como propriedade.

MULHERES EM PÚBLICO

A noção das mulheres como propriedade e as restrições para as mulheres ficarem sozinhas no espaço público urbano têm uma longa história. Elizabeth Wilson discute o pânico moral em torno da visibilidade crescente das mulheres nas ruas de Londres na época vitoriana. O termo "mulher pública" é, obviamente, um velho eufemismo para uma trabalhadora sexual. A ideia de que as mulheres de status podiam de alguma forma ser confundidas com mulheres pobres ou profissionais do sexo era motivo de muita preocupação e a reafirmação da necessidade de que as mulheres deveriam sair acompanhadas por seus maridos, irmãos, pais ou senhoras mais velhas.[154]

O crescente desejo das mulheres por independência na cidade deu início à era das lojas de departamentos em Paris na década de 1870, um ambiente que foi literalmente projetado para ser um espaço público apropriado para as mulheres. Isso limitaria seu contato com os elementos desagradáveis da rua, mas também lhes permitiria uma medida da liberdade que tanto buscavam. O romance *Au Bonheur des Dames* (*O paraíso das mulheres*), de Émile Zola, de 1883, oferece um vislumbre dos bastidores de uma loja fictícia baseada na primeira loja de departamentos de Paris.[155] Em meio às intrigas das vendedoras, a vida amorosa do proprietário e a política de um grande negócio competindo com as lojas locais, o livro de Zola mostra como os espetáculos de consumo foram projetados para deliciar os sentidos das mulheres. Esses espaços para fazer compras estiveram, portanto, entre os primeiros lugares onde as mulheres (pelo menos no Ocidente) tiveram permissão para conquistar seu espaço público.

As geógrafas feministas Liz Bondi e Mona Domosh escrevem sobre os padrões de gênero dos espaços urbanos na Cidade de Nova York em meados do século XIX, com base no diário de uma visitante de classe média, Sophie Hall.[156] Embora sempre acompanhada por uma amiga durante suas atividades diurnas, o registro detalhado de Sophie de sua visita ilustra como as áreas da cidade foram classificadas de maneira a permitir algumas liberdades moderadas para mulheres brancas. Por exemplo, a "Ladies' Mile" ao longo da Broadway com a Sexta Avenida entre a Décima e a Vigésima Terceira Rua era a "nova área de compras da cidade", um espaço público considerado "apropriadamente feminino". Bairros que incluíam museus e galerias de arte também faziam parte do itinerário de Sophie. Novamente, essas foram atividades "sancionadas pelos padrões vitorianos" e configurações que "foram padronizadas para torná-las seguras e adequadas para as mulheres".[157]

A ordem industrial do final do século XIX exigia, não apenas um compromisso com a produção e o trabalho árduo, mas também um compromisso com os valores de consumo. A generalização de "esferas separadas" significava que a produção poderia ser alinhada com o mundo masculino e o consumo com o mundo feminino. A participação ativa das mulheres nas atividades de consumo, no entanto, desafiou a noção de que seu lugar adequado seria confinado em casa e significava que as mulheres precisariam de acesso a espaços tipicamente masculinos da cidade para cumprir seus papéis como consumidoras. Para que isso não fosse muito perturbador para as normas vitorianas, essa mudança foi "neutralizada pelo desenvolvimento no século XIX de espaços de consumo 'feminizados' dentro da cidade – se as mulheres tivessem que estar nas ruas de uma cidade masculina, então essas ruas e lojas teriam ser concebidas como 'femininas'".[158] É importante ressaltar que isso significava que as identidades burguesas e brancas das mulheres poderiam ser reforçadas com segurança por meio de sua visibilidade nesses espaços de feminilidade adequada.

Esses espaços de consumo estavam abertos às mulheres, porque, de muitas maneiras, não desafiavam a associação das mulheres com o lar e a esfera doméstica. Ao comprar roupas, decoração e arte, as mulheres estavam cumprindo seu papel de zeladoras do lar. Ainda hoje, uma mulher sozinha nesses espaços públicos está devidamente "amarrada" à casa. Mesmo que ela esteja fazendo compras para si mesma ou se entretendo com o que gostamos de chamar de "cuidados consigo mesma", sua solidão não perturba a ordem normativa de gênero. O corpo, o íntimo, o autocuidado e a estética são domínios normalmente femininos.

Embora os padrões de feminilidade adequada tenham relaxado um pouco desde os tempos vitorianos, a variedade de lugares onde as mulheres podem estar confortavelmente sozinhas sem parecer "fora do lugar" não é tão diferente. Embora as mulheres de hoje não sejam tão restritas quanto a querida Sophie Hall, que nem mesmo podia ser vista comendo ou bebendo em público, os espaços de consumo, cultura e entretenimento ainda são considerados os locais mais adequados para a vida pública das mulheres. Quando estudei o desenvolvimento de um condomínio em Toronto, analisei centenas de anúncios de condomínio em termos de imagens de gênero. Imagens de mulheres fazendo compras, comendo, bebendo e se socializando eram muito mais comuns do que imagens de mulheres indo para o trabalho. Havia uma forte vibração de *Sex and the City* em muitos dos anúncios: a empolgação da vida na cidade para as mulheres era expressa em termos de seu acesso aos locais de lazer e consumo 24 horas por dia, 7 dias por semana, no centro de Toronto e em outros bairros "emergentes".[159]

Bondi e Domosh comparam as liberdades e restrições vividas por Sophie Hall em sua viagem a Nova York em 1879 com as experiências de Moira MacDonald, uma mulher branca de classe média divorciada de Edimburgo que Bondi entrevistou em 1991. Enquanto Moira tem um emprego, é proprietária de sua casa, e mora sozinha em um bairro nobre, ela sente as restrições de acessar os espaços públicos da cidade. Apesar de uma forte crença na igualdade de gênero no trabalho e em casa, Moira não questiona a norma de gênero de que espaços urbanos não monitorados (como os parques) são "imbuídos de uma masculinidade hostil" e, portanto, não são espaços seguros para ficar sozinha.[160] Moira e Sophie compartilham a necessidade de adaptar seu comportamento ao sentido de vulnerabilidade de gênero.

Embora hoje as mulheres sejam muito mais livres para se movimentar dentro desses espaços da mesma forma que os homens (dependendo, é claro, da classe social e da raça), as mulheres permanecem extremamente conscientes de que ficar sozinhas fora desses espaços "permitidos" é tornar-se vulnerável a uma atenção indesejável e à ameaça de violência. Como Bondi e Domosh observam, "os espaços públicos das cidades ocidentais do final do século XX são espaços de atividades de consumo comercial" que são "pesquisados para criar ambientes onde as identidades femininas de classe média sejam promovidas e protegidas", assim como eram os espaços de compras no século XIX.[161] Nesse contexto, podemos ver que a liberdade oferecida às mulheres pela vida urbana contemporânea ainda é limitada por normas de gênero sobre os espaços adequados e os papéis das mulheres na cidade.

A feminização do espaço urbano continua até hoje. À medida que as cidades do Hemisfério Norte mudaram suas economias baseadas na fabricação industrial para economias baseadas no conhecimento e no trabalho de serviços (as chamadas economias pós-industriais), as características mais masculinizadas das cidades mudaram. Espaços como pubs, antes fechados para mulheres ou segregados por gênero, "suavizaram" muitos de seus atributos mais masculinos para atrair mulheres como clientes. Até mesmo lojas de donuts (como a canadense Tim Hortons) e restaurantes de fast food como o McDonald's alteraram sua estética para adotar um aspecto de café caseiro, adequado para famílias em vez de motoristas de caminhão.[162] Mudanças nos esquemas de cores, layouts, nomes comerciais, móveis e menus (mais saladas = mais mulheres!) alteram a atmosfera para torná-los confortáveis e seguros para as mulheres. Geógrafos vincularam essas mudanças à gentrificação, observando que bares e lanchonetes de esportes da classe trabalhadora estão fechando e sendo substituídos por espaços "mais modernos" (e mais brancos) da classe média sem fortes associações de gênero. Em um dos meus antigos bairros de Toronto – Junction – eu experimentei em primeira mão como uma área anteriormente industrial da classe trabalhadora estava se enobrecendo com o surgimento de espaços feminizados que contrastavam fortemente com os espaços tradicionalmente masculinos que outrora dominavam a área. Lanchonetes gordurosas, lojas de pornografia, lojas de penhores e bares que atendiam a uma clientela predominantemente masculina da classe trabalhadora foram gradualmente substituídos por estúdios de ioga, salões de manicure, cafés e mercearias orgânicas.[163]

Quando me mudei para Junction no início de 2000, a Rua Dundas tinha poucos lugares onde eu me aventuraria a ir sozinha para tomar um café ou uma bebida.

Não porque fossem perigosos, mas, porque, claramente, não serviam para mim quando eu era jovem.

E tudo bem – a vizinhança não precisava atender aos meus desejos! Mas Junction é um exemplo interessante de como as cidades e bairros usam o conforto, o prazer e a segurança das mulheres como marcadores de uma revitalização bem-sucedida. Na verdade, a falta de conforto das mulheres em certos espaços pode ser usada como justificativa para uma série de intervenções problemáticas que aumentam o perigo para outras pessoas, por exemplo, moradores de rua e pessoas de cor em busca de conforto para mulheres brancas de classe média. Em Junction, o primeiro sinal dessa feminização foi a abertura de uma pequena lanchonete chamada *The Nook* que tinha uma área de recreação para crianças nos fundos.

The Nook foi um exemplo claro do que os sociólogos urbanos chamam de "um terceiro lugar".[164] São lugares que não são nem casa nem trabalho, mas espaços informais para reuniões essenciais das comunidades. Em seu estudo sobre como os canadenses urbanos entendem o seu uso das cadeias de cafés especiais, como *Starbucks* e *Second Cup* como espaços urbanos, a socióloga Sonia Bookman observa que alguns consumidores descrevem esses cafés como "um lar fora de casa".[165] Com uma variedade de estofados, lareiras, estantes de livros, pequenas mesas para conversas íntimas e uma sensação geral de hospitalidade, esses cafés são espaços quase públicos para muitas pessoas. Talvez não seja surpreendente que esses cafés sejam lugares onde as mulheres sozinhas se sentem acolhidas, confortáveis e razoavelmente seguras. Como "terceiros lugares", os cafés cultivam cuidadosamente um ambiente (e, claro, uma marca) onde as pessoas podem ficar sozinhas, juntas. Dadas as restrições de longa data à capacidade das mulheres de ficarem sozinhas em público, os cafés são locais onde elas podem experimentar, com relativa segurança, os prazeres psíquicos da vida urbana: ser anônima na multidão, observar as pessoas, ocupar espaço, ficar sozinha com seus pensamentos enquanto está rodeada por outras pessoas.

O número cada vez maior de lugares quase-públicos e quase-lares "feminizados" como *The Nook* e a eventual (inevitável?) chegada de um *Starbucks* em Junction eram sinais claros de gentrificação. Espaços que uma vez eu evitei – a loja de donuts com seu estacionamento cheio de homens sentados em seus carros fumando, lanchonetes gordurosas, bares esportivos – começaram a fechar as portas. Pais com carrinhos caros caminhavam ao longo das calçadas sujas e logo o som da construção preencheu o ar quando os incorporadores encontraram um novo mercado. Não esqueci que essa transformação estava a serviço das preferências e desejos de mulheres como eu. E a ligação entre uma transformação de classe dos espaços da cidade e torná-los mais seguros para as mulheres parece ter sido aceita como senso comum por desenvolvedores, planejadores e outros impulsionadores da "revitalização". Claro, essa suposição tem uma imagem de um tipo específico de mulher em seu âmago: uma mulher cis branca, saudável, de classe média.

Em Junction, os limites desta visão foram esclarecidos por meio das experiências de mulheres que residiam para permanência de curto a médio prazo no Abrigo de

Mulheres do Exército de Salvação. Essas mulheres vivenciam uma pobreza grave e crônica, mesmo em meio à revitalização da região.[166] Sua presença gradualmente se tornou cada vez mais deslocada nas calçadas do bairro à medida que a gentrificação avançava. Muitas vezes forçadas a ficar sozinhas em público pelas regras do abrigo que não permitem que elas fiquem dentro de casa o dia todo, essas mulheres não têm o prazer de ficar sozinhas em meio à multidão. Em vez de apreciar serem observadas por algumas pessoas, as mulheres do abrigo acabam sendo vigiadas o tempo todo. Sua aparência física, hábitos e por vezes aparentando doenças mentais as caracterizam como "outros", embora o abrigo exista por muitos anos e Junction tenha sido o lar de uma grande variedade de pessoas pobres, da classe trabalhadora, deficientes ou outras pessoas "diferentes".

Em um exemplo de como o simples ato de ficar sozinha em público se tornou mais difícil para as residentes do abrigo, um café ao lado removeu um banco externo, porque os clientes reclamaram que as mulheres do abrigo se sentavam ali para fumar. Embora a dona do café simpatizasse com as abrigadas e se envolvesse em projetos para apoiá-las, como fornecer refeições nos feriados, ela foi pressionada pelos frequentadores gentrificantes do café a "limpar" o espaço.[167] Isso eliminou um lugar onde as mulheres podiam ficar sozinhas em público com segurança. Em outros casos, sinais de trauma ou de doença mental aparentes das mulheres foram objeto de diatribes desagradáveis por outros membros da comunidade debatendo os benefícios da gentrificação na vizinhança por meio de fóruns comunitários online. Termos como "show de horrores" transmitem a hostilidade demonstrada em relação às mulheres que nem sempre se comportam dentro das regras. Esses exemplos nos lembram que, por mais que a liberdade de algumas mulheres ficarem sozinhas em público tenha melhorado, o policiamento de outras mulheres e a remoção de espaços seguros aumentaram ao mesmo tempo.

CONVERSA DE BANHEIRO

Um desses espaços que têm sido altamente limitados em sua disponibilidade e altamente policiados é o banheiro público ou acessível ao público. Quando pensamos em espaço público urbano, é provável que os banheiros não venham à mente e, de fato, esse é o cerne da questão. Como um espaço onde queremos e muitas vezes precisamos ficar sozinhos, da maneira mais premente e às vezes urgente, o banheiro – ou a falta de banheiro – gera todo tipo de questionamento sobre segurança, acessibilidade, gênero, sexualidade, classe, falta de moradia, raça e muito mais.

Como muitas outras questões, o acesso ao banheiro tornou-se visível para mim como uma preocupação urbana quando eu tinha um bebê e uma criança que estava treinando ir ao banheiro junto comigo. Eu, rapidamente, aprendi que as lojas de departamentos eram nossa melhor aposta para trocas de fraldas de emergência, locais para amamentar e um nível adequado de limpeza e arrumação. Por serem espaços construídos tendo em mente o conforto feminino, as lojas de departamentos, embora nem sempre explicitamente configuradas para melhor atender às mães, eram espaços onde os banheiros eram mais espaçosos, tinham muitas cabines, eram acessíveis por elevador ou escada rolante, com cadeira para amamentação, trocadores para bebê, um lugar seguro para deixar o carrinho do lado de fora, e assim por diante. Em passeios confusos, também eram lugares onde eu podia comprar uma roupa para substituir um macacão com respingos de cocô. Na verdade, as lojas de departamentos continuam sendo meus lugares de destino favoritos, com ou sem crianças. Infelizmente, as lojas de departamentos urbanas estão desaparecendo e, com elas, seus banheiros confortáveis e acessíveis.

Fora do mundo razoavelmente confortável de "O paraíso das mulheres", a busca por bons lugares para ir na cidade é assustadora. Em *Nenhum lugar para ir: Como os banheiros públicos falham em nossas necessidades pessoais*, a jornalista e escritora Lezlie Lowe pergunta: "Por que os banheiros públicos são tão ruins?".[168] Relembrando suas próprias experiências de enfrentar banheiros "públicos" que estavam trancados, descendo íngremes lances de escada, sujos, perigosos e longe das ruas principais e centros de atividades, Lowe investiga a história de como e por que as cidades tornaram os banheiros públicos uma prioridade, ou não. Lowe observa que, no período vitoriano, as cidades em expansão reconheceram a necessidade de banheiros urbanos, no entanto, eles não estavam de todo atentos às necessidades das mulheres, crianças ou pessoas com deficiência. Com o tempo, porém, as cidades passaram a depender cada vez mais de entidades particulares ou quase – lojas de departamentos, instituições governamentais, cafés, etc. – para fornecer esses espaços. Como a maioria sabe, porém, esses espaços raramente garantem o acesso e, de fato, podem ser protegidos por seguranças, máquinas de cobrança e códigos destinados a limitar quem tem acesso e que atividades podem ocorrer. A dura prova que dois clientes negros enfrentaram na Starbucks começou, aparentemente, quando um deles pediu a chave do banheiro antes de terem comprado qualquer coisa. Ter que pedir permissão para entrar em um espaço para uma das necessidades humanas mais básicas e universais levou a uma situação que poderia ter culminado na lesão ou morte de qualquer um dos dois.

As necessidades e o acesso ao banheiro também são questões profundamente relacionadas ao gênero. Algumas dessas questões têm a ver com a complexa mistura de fatores biológicos e culturais que moldam o modo como as pessoas usam o banheiro. Para a maioria das mulheres, em geral, urinar leva mais tempo e, por vezes, precisa atender às necessidades menstruais, à remoção ou ao ajuste de roupa. Precisamos de mais papel higiênico, ganchos para pendurar casacos e bolsas, baias com portas, além de sermos mais propensos a ajudar nas necessidades de bebês, crianças, pessoas com deficiência ou familiares idosos. No entanto, como Lowe aponta, a maioria dos banheiros públicos falha em reconhecer e atender essas necessidades.

Em parte, esse problema vem do fato que a maioria dos arquitetos e planejadores sejam homens que dedicaram pouco tempo para considerar o que as mulheres querem ou precisam de um banheiro. Mas também provém de tabus por ter de falar sobre "coisas de banheiro" e, em especial, a menstruação. Lowe escreve que a menstruação "tem sido quase completamente desconhecida (principalmente) para os homens cisgêneros que projetam e instalam banheiros em prédios e espaços públicos".[169] Ninguém quer falar sobre sangue, produtos sanitários ou a necessidade de lugares limpos e confortáveis para os cuidados básicos da menstruação. Ninguém quer reconhecer que leva mais tempo para usar o banheiro nos períodos de menstruação, causando micção mais frequente, que incluem cólicas que levam a evacuações urgentes e "transbordamentos" que precisam ser cuidados imediatamente. Ninguém quer reconhecer que certos homens trans também podem necessitar de produtos e de instalações para cuidar da menstruação. Ninguém quer ajudar mulheres sem-teto sobre o custo de absorventes e tampões internos, bem como a falta de espaço nos banheiros de livre acesso nas cidades (embora uma grande rede de drogarias no Canadá logo irá oferecer caixas com produtos menstruais gratuitos para mulheres necessitadas).

Em todo o mundo, as mulheres têm agido para fazer valer seus direitos ao acesso equitativo e apropriado aos banheiros. Mulheres como Clara Greed e Susan Cunningham no Reino Unido e Joan Kuyek no Canadá tornaram-se conhecidas como as "senhoras do banheiro" por seu trabalho em colocar o acesso aos banheiros nas agendas dos governos, de planejadores, construtores e arquitetos. Nos assentamentos de Nova Déli, as líderes comunitárias defendem que o saneamento se torne uma prioridade local, observando que as mulheres esperam em fila por mais de vinte minutos toda vez que querem usar as únicas instalações disponíveis: os banheiros públicos. Na Índia, de modo mais geral, o acesso ao banheiro tem sido fundamental para o ativismo das mulheres contra a agressão sexual. O estupro e o assassinato chocantes de duas moças que foram a um campo para urinar em uma noite em 2014 gerou protestos em todo o país e chamou a atenção mundial para um antigo problema: a falta de instalações seguras para mulheres e moças as expõe a um risco de violência ainda maior. Sharmila Murthy explica:

> Estima-se que 2,5 bilhões de pessoas em todo o mundo não tenham acesso a saneamento adequado, com a maior parte delas na Índia. Muitas mulheres pobres que vivem em vilas rurais ou em favelas urbanas esperam até o anoitecer, reduzindo a ingestão de alimentos e bebidas para minimizar a necessidade de eliminação. Frequentemente, as moças não vão à escola se não houver banheiros privativos, e isso é especialmente verdade depois que se inicia a menstruação. Aproximadamente 2.200 crianças morrem todos os dias em consequência de diarreias ligadas à falta de saneamento e higiene, que afetam mães e cuidadoras. Finalmente, esperar até a noite para urinar ou defecar não é apenas desumano, mas também torna as mulheres vulneráveis a ataques sexuais.

As Nações Unidas reconheceram o saneamento como uma questão de direitos das mulheres e uma questão de direitos humanos, mas pouco foi feito quanto a esta questão específica.[170]

Pessoas trans foram empurradas para a linha de frente do ativismo quanto ao banheiros por exclusão, perigo e violência que muitas vezes enfrentam ao tentar usar instalações adequadas no trabalho, na escola e em prédios públicos.[171] Lowe escreve: "Se houver qualquer revolução em banheiros públicos agora, está sendo conduzida pela comunidade transgênero".[172] Enquanto os defensores da deficiência conseguiram fazer mudanças na forma física dos banheiros de modo que baias, pias e portas acessíveis sejam características obrigatórias em todos os novos edifícios, as pessoas trans estão na vanguarda do que provavelmente será a próxima grande mudança no acesso aos banheiros: a dessegregação parcial dos banheiros por gênero e o aumento de mais banheiros para um único usuário, para todos os gêneros e banheiros sem gênero.

Na década de 1990, minha residência universitária tinha banheiros com vários chuveiros e compartimentos. Demoramos um ou dois dias para nos habituar com a visão de um cara caminhando até a pia de cueca ou saindo do chuveiro. Os poucos problemas que tivemos não podem ser atribuídos às diferenças de gênero. O gênero da pessoa que fez cocô no chão ao lado de um banheiro em um longo fim de semana nunca foi descoberto, por exemplo. No entanto, esse tipo de arranjo totalmente dessegredado permanece extremamente raro. Banheiros binários segregados por gênero são a regra, e o policiamento formal e informal de quem entra em cada espaço significa que as pessoas trans, assim como qualquer outra pessoa que não se conforma com as normas estritas de gênero, aborda essa necessidade diária básica com estresse, medo e a iminência ameaça de assédio e violência. A figura do bicho-papão do homem cis que se veste como uma mulher para entrar nos banheiros das mulheres para espionar ou agredir mulheres tem sido usada como uma justificativa perversa para tentar determinar os órgãos genitais de qualquer pessoa que usa um banheiro segregado por gênero. Se os homens cis de fato gastaram tempo se trasvestindo para se passar por mulheres para agredi-las sexualmente, suspeito que haveria muito menos agressões sexuais. Não estou minimizando a violência real aqui. Em vez disso, acho que o medo de mulheres trans "falsas" tem suas raízes puramente na transfobia, e não em qualquer preocupação real com a violência real que as mulheres – trans e cis – sofrem com frequência.

Algumas instituições públicas, como campos universitários e empresas com banheiros acessíveis ao público, começaram a fazer banheiros de box único sem gênero, uma mudança que certamente faz sentido e requer poucos recursos além de uma nova sinalização e talvez unidades de descarte de itens sanitários. No entanto, converter todos os banheiros em espaços para um único usuário é caro e ineficiente em termos de espaço. É provável que leve a formar longas filas e pode prejudicar as pessoas com deficiência que exigem acesso mais imediato às instalações. Converter todos os banheiros com várias tendas em espaços sem gênero pode ser problemático para pessoas com restrições religiosas. Resumindo, não há uma solução única que venha inteiramente de mudanças em nossas formas construídas. Como tantas outras questões urbanas e além delas, mudanças sociais também são necessárias. Baias individuais não eliminam a transfobia nem põem fim à violência de gênero. Nesse ínterim, no entanto, garantir o maior acesso possível ao banheiro para todos os tipos de gênero, capacidades e classes é uma etapa necessária para a criação de uma cidade feminista.

MULHERES TOMANDO SEU ESPAÇO

A limitação que acompanha a incapacidade de saber que podemos urinar na cidade é apenas mais um motivo pelo qual não sinto saudade de uma vida urbana na rua que não existia ou era limitada a poucas pessoas privilegiadas. Em vez de romantizar uma época anterior a fones de ouvido e smartphones e smartwatches, prefiro imaginar uma cidade onde uma mulher pode usar seus fones de ouvido sem medo de intrusão ou optar por não usar fones de ouvido com o mesmo resultado. Em alguns casos, as tecnologias portáteis são ferramentas inovadoras que permitem às mulheres afirmar sua presença no espaço urbano. A geógrafa feminista Ayona Datta notou que as mulheres participantes de pesquisas em colônias de reassentamento de favelas fora de Déli eram "ávidas tiradoras de selfies". Datta teoriza:

> os selfies mostram que estar na cidade é libertador para as mulheres, pois representam uma liberdade recém-descoberta fora de casa e as restrições dos papéis tradicionais de gênero. Por meio dessas selfies, as mulheres fazem a curadoria da cidade com o braço estendido, colocando-se no centro da tela enquanto encenam sua própria chegada a muitos lugares públicos diferentes.[173]

Com ou sem tecnologias portáteis, não estou fantasiando sobre uma cidade onde todos andam em uma pequena bolha, tirando selfies, tendo uma interação mínima com outros humanos, não humanos e o próprio ambiente. Em vez disso, estou sugerindo que a liberdade de fazer isso com conforto, segurança e autonomia é fundamental para o tipo de cidade onde as pessoas desejam se socializar entre si e interagir integralmente com o meio ambiente. Imaginar essa liberdade para as mulheres também nos obriga a atender a outros grupos que normalmente têm o direito de apenas existir em público, sendo violados e policiados de forma agressiva.

O direito de ocupar espaço é onde o prazer de estar sozinho encontra uma política mais ampla de gênero e poder. Ser socializado para passar despercebido afeta a inclinação das mulheres (ou a falta dela) de assumir cargos públicos e expressar suas opiniões, seja concorrendo a um cargo político, tornando-se professora ou sendo atuante na Internet. Essa socialização é então agressivamente reforçada pelo discurso misógino enfrentado por mulheres que ousam se mostrar como indivíduos. A ex-premiê Rachel Notley, de Alberta, por exemplo, é em geral alvo de assédio por causa do seu gênero, e não em suas políticas (ou melhor, elas se confundem: suas políticas "ruins" são o resultado de seu gênero). A misoginia claramente desempenhou um papel na cobertura negativa da imprensa e na falta de apoio para a campanha presidencial de Hillary Clinton. Essas mulheres são vistas como um alvo justo para tais ataques, porque ousaram ser notadas. Mulheres como Anita Sarkeesian e Lindy West, que colocam suas opiniões (feministas) nas redes sociais, são informadas de que devem esperar e apenas aceitar insultos violentos, ameaças de estupro e até mesmo assédio pessoal como respostas "naturais" por expressar seus pensamentos e tomar o espaço virtual.[174] Este está intimamente ligado à escala local, urbana, onde as mulheres do dia a dia que insistem em ocupar o espaço público também são vistas como alvo de assédio e até de violência. Desse modo, as restrições – autoimpostas ou não – às mulheres em público têm implicações e conexões de longo alcance com outras formas de opressão e desigualdade de gênero.

No início deste capítulo, escrevi sobre os dois homens da Filadélfia que foram presos enquanto esperavam por um amigo na Starbucks. Nas duas ou três semanas intermediárias desde a digitação desse parágrafo e desta conclusão, surgiram histórias sobre um pai ter chamado a polícia por causa de dois índios americanos que faziam uma excursão pelo campus, porque estavam "muito calados"; uma mulher branca chamou a polícia por causa de uma estudante negra em Yale que adormecera em uma sala de estudos; e vizinhos terem chamado a polícia por terem visto mulheres negras saindo de um Airbnb que presumiram que tivessem roubado. Eu poderia listar mais, todas das duas ou três últimas semanas. É óbvio que as pessoas de cor são em geral vistas como invasoras na cidade. Assim como o patriarcado está consagrado no ambiente urbano, a supremacia branca também é o terreno em que pisamos.

O quanto qualquer pessoa pode simplesmente "estar" no espaço urbano nos diz muito sobre quem tem poder, quem sente que seu direito à cidade é um direito natural e quem sempre será considerado um deslocado. Reflete as estruturas de discriminação existentes na sociedade e, portanto, é um bom indicador das lacunas remanescentes entre os diferentes grupos. Como uma mulher branca cisgênero, é altamente improvável que me peçam para sair de um espaço público, que a polícia seja chamada por minha causa, ou que eu seja seguida em uma loja de departamentos. Ao mesmo tempo, no entanto, policio minhas próprias roupas, posturas, expressões faciais e outros sinais para evitar o assédio masculino e chamar uma atenção indesejada. A cultura do estupro nos ensina que estar sozinha em público é estar aberta para sofrer uma ameaça de violência sexual e, portanto, a vigilância faz parte da experiência de estar sozinha na cidade para a maioria das mulheres. Mas, poderia ser diferente? E como lutamos para que seja diferente?

CAPÍTULO 4

CIDADE
DE
PROTESTO

Fui presa em um dos meus primeiros protestos. Não me lembro de como ouvi falar sobre a ação, mas provavelmente foi por meio do Centro de Mulheres da Universidade de Toronto. Eu estava no meu segundo ano da universidade, imersa em meus primeiros cursos de estudos para mulheres e mergulhando os pés em organizações feministas e ativismo no campus. Um governo provincial conservador recém-eleito estava fazendo severos cortes nos serviços que afetariam as sobreviventes de violência doméstica e de violência sexual. Mulheres de organizações antiviolência como o *Centro de Proteção ao Estupro de Toronto* queriam fechar um cruzamento fora do Parque da Rainha, o local da Câmara Legislativa de Ontário. Estava pronta para me envolver diretamente em ações que desestruturassem a cidade. Eu estava pronta para ser presa com minhas irmãs.

Havia uma forte onda de protestos em Ontário em meados da década de 1990, quando os sindicatos organizaram com sucesso greves gerais maciças de um dia conhecidas como "Dias de Ação", começando no final de 1995. Naquela que acredito que tenha sido a minha primeira experiência de protesto em grande escala, fui ao Dia de Ação de Toronto em 25 de outubro de 1996. Estima-se que 250.000 pessoas – o maior protesto já feito em Ontário – marcharam por cinco quilômetros a partir da margem do lago até a Câmara Legislativa.[175] Levou o dia inteiro para a marcha chegar ao início do Parque da Rainha. Foi eletrizante. Nunca me senti parte de algo tão grande, tão coletivamente energizante. Nunca tinha experimentado a minha cidade antes dessa forma: tomando conta das ruas, dando os braços a estranhas, demonstrando raiva, alegria e solidariedade. Eu queria que não acabasse nunca.

Então, quando ouvimos sobre as ativistas feministas organizando um protesto de ação direta contra os cortes do governo sobre os serviços feministas, minha amiga e mentora feminista Theresa e eu ficamos ansiosas para saber mais. Eu sentia um arrepio na espinha toda vez que pensava nisso. Mal podia esperar para tirar minha política feminista da sala de aula e colocá-la na rua, por coincidência a apenas uma quadra do local onde nasci. Parecia o certo a fazer.

Nós nos encontramos uma noite no Centro de Mulheres na Universidade de Toronto para nos preparar. As organizadoras queriam deixar bem claro que este não era um protesto aprovado. Não teríamos licenças, nem proteção policial. Na verdade, assim que a polícia chegasse, deveríamos ser presas. O objetivo do encontro foi nos ensinar, essencialmente, como ser tirada da rua pela polícia de forma segura e sem se arriscar a ser acusada de resistir à prisão.

Em retrospecto, só pode ter sido minha juventude, ingenuidade e privilégio que me impediu de compreender a audácia de querer que menos de trinta pessoas bloqueassem um grande cruzamento no meio de um dia útil. Não me lembro de ter sentido medo, de ter mudado de ideia, ou de questionar as táticas das organizadoras. Fiquei animada por ser incluída nesse grupo de ativistas inspiradoras que estavam prontas para se colocar à prova por suas crenças. Elas nos prepararam bem para o que de fato aconteceu no dia do protesto. Na verdade, tudo aconteceu exatamente como elas haviam previsto.

Minhas lembranças mais vívidas do protesto são a da bandeira branca imensa que carregamos, impressa com a famosa frase da estudiosa feminista e ativista negra Audre Lorde: "Seu silêncio não irá protegê-la".[176] Entramos no cruzamento juntas e nos sentamos formando um grande círculo. Cantamos, mas não me lembro o quê. Não tenho certeza quanto tempo levou até chegar a polícia. Os policiais se aproximaram, dizendo a cada uma para se sair dali senão seríamos presas. Ninguém se levantou. As organizadoras nos advertiram que a polícia poderia ser grosseira e nos insultar. Mas nenhum deles fez isso. Eles estavam calmos e, no final das contas, nós também estávamos, à medida que cada uma de nós foi levantada do chão por baixo dos braços por dois oficiais. Foi tudo muito natural. Fomos levadas para o camburão da polícia, fotografadas, formalmente presas, revistadas e colocadas lá dentro. Não fomos algemadas. Logo, cerca de duas dúzias de manifestantes foram carregadas em vans e, antes que percebêssemos, tínhamos completado a curta distância até a 52ª Delegacia para passar uma tarde na cela. O protesto acabara.

DIREITO À CIDADE

As cidades têm sido os principais lugares de ativismo para a maioria dos movimentos sociais e políticos dos últimos dois séculos. Combinando uma massa crítica com a capacidade de levar a mensagem diretamente aos corredores do poder (governos, corporações, Wall Street, organizações internacionais, etc.) e acesso a comunicações e mídia, as cidades oferecem a combinação certa de recursos para protestar de forma visível e eficaz. Embora as mídias sociais tenham desempenhado um papel cada vez maior na geração de impulso, por exemplo, por meio de hashtags como #BlackLivesMatter, a maioria dos movimentos ainda "vai para as ruas" em momentos de crise. Mesmo que nunca tenha participado de um protesto, se morar em qualquer cidade, há grandes chances de ter testemunhado alguma forma de ação política.

O ativismo e, especificamente, o protesto público, me conectou às cidades e à minha política feminista de modo crítico. Muito antes de eu conhecer o conceito urbano esquerdista de "direito à cidade", participar de protestos despertou meu sentimento de pertencer à cidade e confirmou minha justa indignação com as injustiças generalizadas que afetaram, não apenas a minha vida, mas também as vidas de milhões de outras pessoas. Protestos sempre reabasteceram minha revolta e meu compromisso com a mudança de uma forma que me mantêm energizada como acadêmica e professora. Eles continuam a me ensinar muito sobre conceitos como solidariedade e defesa de justiças sociais, sobre a relação do feminismo com os outros movimentos sociais, sobre a interseccionalidade e seus sucessos e fracassos. Eles animam tudo o que penso sobre o que uma cidade feminista poderia e deveria ser.

Sempre penso em mulheres em fúria tomando as ruas das cidades: as sufragistas marchando pelo Hyde Park; mulheres trans negras e *drag queens* na linha de frente contra a polícia em Stonewall em Nova York; as líderes femininas gays do Black Lives Matter em Toronto interrompendo a Parada do Orgulho LGBT 2016; cerca de cinco milhões de mulheres em Kerala formando uma corrente humana para reivindicar mesmo direito de acesso ao templo. Ao longo da História, as mulheres usaram a cidade tanto como local quanto como lanças de luta, como afirmou o filósofo marxista francês Henri Lefebvre.[177] Em outras palavras, a cidade é o lugar para ser ouvido; é também o lugar pelo qual lutamos. Lutando para pertencer, para nos sentirmos seguras, para ganhar a vida, para representar nossas comunidades e muito mais.[178]

Qualquer tentativa de esboçar uma visão da cidade feminista deve considerar o papel do ativismo. Raramente, ou nunca, os grupos marginalizados "recebem" algo – liberdade, direitos, reconhecimento, recursos – sem luta. Seja o direito de votar, de pegar um ônibus ou de entrar em espaços de poder, as pessoas sempre tiveram que exigir mudanças. Às vezes, essa demanda assume a forma de protesto público e as demandas feministas sobre a cidade não são diferentes. Sei que as liberdades de que desfruto, embora ainda sejam incompletas, foram geradas pelas ações ousadas das "mães de muitos gêneros", para usar uma frase de Maggie Nelson, que lutaram com mente, corpo e alma, para reivindicar algum acesso à cidade e tudo o que ela envolve: trabalho, educação, cultura, política e muito mais. Relembrar essa história e encontrar meu próprio lugar são centrais para o meu pensamento sobre as cidades feministas do presente e do futuro. Tudo que temos foi conquistado; nada que teremos no futuro será entregue sem luta.

O ativismo urbano das mulheres assume muitas formas. No final do século XIX, mulheres como Jane Addams e Ida B. Wells em Chicago não só defendiam as mulheres, especialmente as imigrantes e negras, como foram as pioneiras em novos modelos residenciais e educacionais como Hull House e novas formas de estudar e compreender a vida urbana das mulheres. No final do século XX, as planejadoras se engajaram no ativismo municipal para colocar as questões de gênero na agenda urbana, por exemplo, por meio do trabalho de grupos como o Women Plan Toronto.[179] Mesmo as "senhoras do banheiro" que encontramos no capítulo anterior fazem parte da longa e impressionante história desse ativismo. Quero pensar mais especificamente sobre o ativismo que assume a forma de protesto coletivo, usando o espaço físico da cidade para enfrentar as forças poderosas – governos, empresas, empregadores, polícia, etc. – que moldam a vida das mulheres e outras pessoas marginalizadas. Os protestos nunca deixam de ter suas próprias lutas e contradições internas, todas as quais me levaram a considerar novamente o que é o feminismo e como são os espaços feministas.[180]

Minha primeira marcha Take Back the Night (TBTN)[2] aconteceu logo após o protesto do Parque da Rainha. Eu vi muitos rostos familiares, incluindo mulheres do protesto antiviolência, o *Centro de Proteção ao Estupro de Toronto* e o *Centro de Mulheres da Universidade de Toronto*. Com velas, chocolate quente e vozes cada vez mais roucas, a marcha só para mulheres saiu do centro da cidade em direção ao Leste. Com a primeira gentrificação de muitos bairros da extremidade Oeste, Toronto, a Leste da Yonge Street, foi o lugar para onde muitos pobres, trabalhadores e sem-teto foram empurrados. Estigmatizado como uma área de alta criminalidade, este também era um lugar onde o trabalho sexual de rua ainda era visível. Em outras palavras, a zona Leste do centro da cidade era um lugar que existia como uma área degenerada e temerosa na imaginação das pessoas. Era um lugar considerado assustador e perigoso para as mulheres.

As marchas TBTN datam de meados da década de 1970 na América do Norte, quando feministas radicais em cidades, como Filadélfia, Nova York e São Francisco realizaram protestos para aumentar a conscientização sobre a violência contra as mulheres. As TBTN não se tratam apenas de recuperar a noite, mas também de espaço: insistem que as mulheres têm o direito de acessar todos os espaços da cidade, a qualquer hora, com segurança e confiança. No Canadá, Vancouver foi a primeira cidade a organizar uma marcha regular sob a organização da *Proteção ao Estupro de Vancouver*. Os centros de crise de violência sexual em todo

---

2 Em tradução livre: Devolva-nos a noite. (N. da T.)

o país começaram a planejar marchas anuais para a terceira sexta-feira de setembro, para coordenar os esforços nacionais.[181] Muitas cidades, pequenas e grandes (até mesmo a pequena Sackville), em todo o mundo, realizam eventos TBTN regularmente, ou em resposta aos atos perturbadores de violência contra as mulheres em lugares públicos.

Como uma garota do West End, eu não estava familiarizada com nada a Leste da vila gay na Church Street. Aventurar-se para o Leste com a marcha foi emocionante. Eu nunca teria andado por lá sozinha. Como a área não era familiar para mim na época, não me lembro exatamente aonde fomos. Lembro-me de ter feito uma pausa fora de um dos icônicos clubes de strip de Toronto. Provavelmente era Jilly's (agora um hotel boutique) na Queen e Broadview. Não me ocorreu na hora questionar se isso era exclusividade para as trabalhadoras do sexo, ou se as trabalhadoras do sexo faziam parte do grupo imaginário de mulheres para quem estávamos "retomando" a noite. Eu era um pouco verde e descaradamente animada para estar totalmente consciente da política mais ampla que moldou a TBTN nos anos 1990. As chamadas "guerras sexuais" no feminismo entre ativistas antipornografia / antiviolência como Andrea Dworkin e Catherine MacKinnon e feministas "pró-sexo" da terceira onda estavam em pleno vigor. Para alguns, a TBTN foi um excelente exemplo da política antissexo do feminismo e sua incapacidade de contar com a agência das mulheres envolvidas no trabalho sexual, incluindo prostituição, dança erótica e pornografia. Na verdade, um conhecido texto antipornográfico de 1980 foi intitulado como *Take Back the Night: Women and Pornography*.[182] Infelizmente, nada disso me incomodou quando paramos para fazer barulho fora do Jilly's.

Eu também não estava pensando sobre a política do evento como um espaço exclusivo para mulheres. Claro, minhas aulas de estudos femininos cobriram as dificuldades em definir "mulher" e os grupos historicamente excluídos da categoria, mas para ser honesta, não falamos muito sobre mulheres trans e a fluidez de gênero e as identidades não binárias raramente foram consideradas. Para mim, como uma mulher cis (um conceito definitivamente não usado em meados da década de 1990!), o caráter "exclusivo para mulheres" da TBTN era parte da empolgação e do sentimento de empoderamento. Não parei para pensar se mulheres trans seriam bem-vindas, assim como não tinha pensado nas profissionais do sexo, cujos empregos estávamos potencialmente interrompendo com nossos gritos, nem sobre as mulheres que viviam nesses bairros e como se sentiam sobre esse ato de "retomada".

Com perspectiva, idade e mais exposição às críticas de negros e indígenas, pessoas de cor, pessoas com deficiência e trans, tenho uma melhor avaliação de como os espaços de protesto podem reproduzir e reproduzem sistemas de privilégio e opressão, bem como de práticas violentas. Agora sei o suficiente para refrear a atitude colonial implícita na ação de "retomar" e sobre a dinâmica racial e de classe de dirigir a marcha pela zona Leste do centro da cidade. Dadas as raízes feministas radicais do movimento TBTN e a hostilidade que algumas autoproclamadas feministas radicais têm em relação às mulheres trans, imagino que essas marchas não foram vividas como espaços seguros e acolhedores para mulheres trans. Embora as mulheres trans sejam desproporcionalmente vítimas de violência de gênero, elas tiveram que criar seus próprios espaços de ativismo ao mesmo tempo que lutavam pela inclusão em eventos e espaços feministas.[183] Recentemente, a adoção do símbolo rosa do "chapéu de xoxota" para o Marchas de Mulheres contra Trump foi apontado como um exemplo de como compreensões biológicas estreitas sobre feminilidade ainda podem se infiltrar na organização feminista, excluindo simbolicamente pessoas trans, intersexos e não binárias.

As marchas e protestos também normalizam implicitamente a capacidade física, com sua ênfase no movimento, na capacidade de dominar qualquer espaço e na possibilidade de confronto físico. Embora as pessoas com deficiência tenham se envolvido em protestos altamente visíveis e até mesmo conflitantes em torno dos direitos dos deficientes por décadas, incluindo ocupações recentes de escritórios do Senado dos EUA por causa das mudanças na Lei de Americanos com Deficiências, a maioria dos protestos não focados na deficiência falham em termos de acessibilidade. De rotas inacessíveis e locais de encontro, a velocidade de movimentos e a falta de acomodações para diferentes necessidades visuais e auditivas, ao uso de linguagem capaz em cantos e cartazes, os protestos urbanos têm normalmente excluído pessoas com deficiência.

Evidências do trabalho de pessoas com deficiência e pessoas trans no incentivo às organizações ativistas a fazer melhor são evidentes. TBTN em cidades como Toronto agora é explicitamente intersetorial em seus objetivos e organização. Seu site descreve o TBTN

> como um evento de base que homenageia as experiências de sobreviventes de violência sexual; de agressão sexual, de violência sexual infantil, de violência doméstica e sobreviventes de violência estatal, como brutalidade policial, racismo, opressão sexista e outras formas de violência institucionalizada. O evento é bem-vindo a todos os gêneros e é trans inclusive.[184]

O evento também garante acessibilidade para cadeiras de rodas, interpretação de ASL, atendimento ao atendente e creche.

SEGURANÇA POR NÓS MESMAS

No início da década de 1990, porém, a TBTN estava mais preocupada em responder ao terror que muitas mulheres viviam nas ruas em suas cidades. Em Toronto, os anos de ataques horríveis e de sequestros e assassinatos cometidos pelo "estuprador de Scarborough", Paul Bernardo, estavam apenas terminando. A memória do "estuprador de varanda", Paul Callow, que estuprou cinco mulheres na zona Leste perto de Wellesley e Sherbourne em meados da década de 1980, depois de entrar em seus apartamentos pelas varandas localizadas no térreo, ainda era recente. Sua quinta vítima, conhecida como "Jane Doe", abriu um processo contra a polícia de Toronto por sua decisão deliberada de não alertar as mulheres sobre a série de ataques. Na verdade, a polícia estava usando as mulheres como isca para pegar o estuprador.[185] Jane Doe venceu a ação em 1998, mas a saga lembrou-nos que a polícia não era uma aliada confiável para impedir a violência contra as mulheres. Foi necessário encontrar uma "forma de resolver o problema por nós mesmas". Nesse contexto, as passeatas TBTN fizeram questão de visitar bairros da cidade onde as mulheres enfrentaram violência pública e onde não podiam contar com a proteção policial.

As ações antiviolência das mulheres na cidade acontecem em um mundo onde a polícia é vista como uma espectadora indiferente, na melhor das hipóteses.

De uma forma infame, a polícia de Vancouver e a RCMP se recusaram por muito tempo a conectar os múltiplos desaparecimentos de mulheres de Downtown Eastside – muitas das quais eram indígenas e/ou prostitutas – às possíveis atividades de um assassino serial. As avaliações das ações e atitudes da força policial à luz da descoberta e consequente condenação de um homem por seis assassinatos (embora se diga que ele tenha confessado quase cinquenta) revelaram racismo e sexismo absolutos entre a polícia e sua equipe, bem como um profundo desrespeito pelas profissionais do sexo. O relatório "Levante das Índias", preparado pelo *Centro das Mulheres de Downtown Eastside*, destaca a contínua desconfiança das mulheres na polícia:

> Em Downtown Eastside, a sobreposição da criminalização da pobreza com a vigilância excessiva e o policiamento excessivo das mulheres indígenas marca o início de longos embaraços com o sistema de justiça criminal por meio de tribunais e prisões. Fundamentalmente,

o sistema de justiça criminal é uma ferramenta inadequada e opressora para resolver questões sociais e econômicas, e o sistema legal canadense é um sistema estrangeiro e colonial imposto sobre os povos indígenas.

As recomendações do relatório incluem o aumento da responsabilização da polícia, o fim dos controles na rua e a revogação de leis que criminalizam ou aumentam os danos às mulheres no comércio do sexo. Mulheres no Downtown Eastside realizam uma marcha memorial todos os anos, em 14 de fevereiro, desde 1992, para homenagear as vidas das mulheres desaparecidas e assassinadas e todas as vidas de mulheres perdidas na região.[186]

Os protestos das Vadias, criados em 2011, estão entre as ações diretamente desencadeadas pela atitude da polícia. Em uma sessão de informações sobre segurança do campus na escola de direito Osgoode Hall da Universidade de York, um policial de Toronto disse aos participantes que uma mulher não deveria "se vestir como uma vagabunda" se ela quisesse prevenir ser atacada.[187] Indignadas, mulheres e aliados organizaram uma série de marchas chamadas *Marcha das Vadias (Slutwalks)* em cidades de todo o Canadá e, por fim, de todo o mundo. As *Slutwalks* aconteceram nas ruas e nos campos universitários. As participantes desafiaram a ideia de que as vítimas de agressão sexual estão "pedindo por isso" pelo modo como se vestem, usando todos os tipos de roupas sedutoras, escandalosas ou ousadas. Fazem isso para lembrar que a cultura do estupro é generalizada e que a polícia em geral tem feito mais para defender a cultura do estupro do que para combatê-la.[188]

Embora as mulheres de outras cidades por vezes deixaram de usar a denominação de "marcha das Vadias" e incentivassem as mulheres a se vestir normalmente, a mensagem sobre a necessidade de desafiar a normalização do assédio e da violência foi equiparada. A estudiosa de mulheres e de estudos de gênero Durba Mitra refletiu sobre as ações inspiradas nas prostitutas na Índia em 2011, observando que os eventos "Marcha do Orgulho", ou em hindu, Besharmi Morcha ("Parada Sem Vergonha"), geraram intensa oposição da polícia. Enquanto os eventos em Bhopal e Déli prosseguiam, um protesto de Bangalore foi cancelado. Mitra mostra que a polícia participa ativamente na responsabilização das vítimas, citando um diretor de polícia que "culpou as mulheres por provocarem os homens com 'roupas da moda'"[189]. Embora o Marchas de Orgulho na Índia não tenha atraído os mesmos índices dos eventos em cidades como Toronto, em parte devido a não compreenderem as feministas ocidentais ao usarem termos e conceitos como "vagabunda", Mitra afirma que elas contribuíram para um diálogo importante sobre a regulação social das mulheres e a normalização da violência.

Embora o movimento #MeToo tenha sido amplamente associado a uma presença online e a sobreviventes de alto nível narrando suas histórias, mulheres em todo o mundo aproveitaram esse momento para aumentar as mobilizações contra o assédio e a violência de gênero e para protestar contra as falhas dos sistemas da polícia e da justiça criminal e de outras instituições para combater a violência. A hashtag #Cuéntalo ("Conte sua história") surgiu em resposta à absolvição de cinco homens sob acusação de estupro em Pamplona em junho de 2018, espalhando-se pela América Latina e estimulando as mulheres a responder aos altos índices de feminicídio e impunidade percebida para os perpetradores. No Chile, as estudantes "lançaram uma onda de greves, de ocupações e protestos contra o assédio sexual e a discriminação sexual nas universidades do país" na primavera e no verão de 2018. Conectando suas causas a questões mais amplas de violência e falta de direitos reprodutivos na região, as ativistas estudantis imobilizaram o sistema de ensino superior e prometeram que este seria o início de um movimento mais amplo em outros setores da sociedade.[190]

Todos esses movimentos resistem às geografias "naturalizadas" da cultura do estupro: a ideia de que a agressão sexual é quase inevitável em certos espaços (campos universitários, bairros "ruins") e que pessoas "vulneráveis" como as mulheres devem evitar esses lugares ou tomar precauções como se vestir de forma conservadora. Na década de 1990, quando atingi a idade adulta, eventos como TBTN me ajudaram a confirmar que o que eu sentia – uma onda de fúria justa em um milhão de padrões de duplo sentido – era válido. Não era apenas o meu cérebro adolescente ainda em desenvolvimento que estava com raiva do mundo. Foi uma reação legítima a um sistema. Um sistema que estabeleceu regras diferentes para mim quando era uma jovem na cidade. Um sistema que ameaçava me punir com violência sexual se eu desobedecesse a essas regras. Marchas e protestos me ensinaram que estava tudo bem, e era bom e necessário recuar. Eles me deram uma saída para expressar e articular minhas primeiras reivindicações feministas para a cidade. Eles também me levaram a pensar sobre como meus privilégios tornam certos tipos de ações, emoções e até mesmo a reivindicar ofensas como "vagabunda" para mim, mas não para os outros. Em outras palavras, estava aprendendo que a política feminista na cidade estava repleta de relações de poder emaranhadas.

TRABALHO DE ATIVISTA DE GÊNERO

Essas experiências iniciais deveriam ter me preparado bem para reconhecer a dinâmica de poder e hierarquias que permeiam outros movimentos. Mesmo assim, admito que fui pega de surpresa pelo sexismo, racismo, discriminação contra deficientes e transfobia que presenciei em outros espaços, especialmente de ativismo trabalhista. Fazer greve tornava essas fissuras extremamente evidentes. Em 2008, eu tinha terminado meu doutorado na Universidade de York, mas ainda era uma instrutora sindicalizada de meio período. Nosso sindicato entrou em greve no início de novembro e ficamos fora até o final de janeiro. Passamos três meses parada no frio em cruzamentos importantes em volta do campus, diminuindo o tráfego e interrompendo a maioria das operações da universidade. Foi um trabalho estressante e perigoso, bloqueando o trânsito em uma cidade onde as pessoas acham que seu direito de dirigir está praticamente consagrado na Constituição. Não demorou muito para que suposições heteronormativas arraigadas sobre ativismo, cuidado e divisões de gênero do trabalho começaram a aparecer nas linhas de piquete.

De repente, meus colegas estudiosos de fala mansa estavam canalizando um "brutamontes" interior, derrubando árvores para construir barris de fogo e exibindo suas qualidades para fazer fogo. Os confrontos com veículos e motoristas aumentaram rapidamente enquanto os homens corriam furiosos para todas as situações espinhosas. Enquanto isso, mulheres e gays assumiram discretamente o trabalho emocional e doméstico. Íamos acalmar os motoristas aborrecidos, consolar os grevistas abalados ou feridos, preparar mais chocolate quente e manter o clima tranquilo com música e dança. Quando percebemos essa dinâmica, todos haviam se acomodado em seus "papéis de ataque" e tornou-se difícil desafiar os padrões estabelecidos. Era a tradicional família hetero patriarcal que ganhava vida em um cruzamento urbano.

Intelectualmente, eu sabia que os movimentos sociais costumavam ser generalizados dessa maneira. Os homens se tornam líderes públicos carismáticos e visionários. Eles parecem traçar o curso do movimento e tomar decisões importantes para todos os envolvidos. As mulheres líderes são frequentemente excluídas dos relatos oficiais ou ignoradas pela mídia. Ao relembrar a ocupação de dezenove meses da Ilha de Alcatraz por membros do Movimento Indígena Americano em 1969, LaNada War Jack observa que os homens foram creditados por "tomar Alcatraz" enquanto a liderança das mulheres foi subestimada.[191] Mulheres são em geral vistas fazendo o mesmo trabalho físico, emocional e doméstico. As mulheres vão de porta em porta para aumentar a conscientização, imprimem os panfletos, fazem os sanduíches, tiram as licenças, escrevem os comunicados à imprensa. Em Alcatraz, as mulheres montaram a cozinha, a escola e as instalações médicas que sustentaram a longa ocupação, que foi vital depois que a maioria dos recursos foi cortada pela Guarda Costeira. As mulheres cuidam das emoções alheias e apoiam os relacionamentos entre os membros do movimento.[192] A ativista do Ocupar Edmonton, Chelsea Taylor, descreveu os hábitos dos homens em seu acampamento do Ocupar em 2011: "postura narcisista, escuta pobre, aversão a tarefas servis".[193] Ainda mais desanimador: as mulheres costumam enfrentar o perigo de outros ativistas. O assédio e o abuso sexual são um segredo que todos sabem em muitos movimentos, mas as mulheres são encorajadas a manter o silêncio em prol da causa.[194]

Em York, essa dinâmica veio à tona quando grevistas com deficiências, doenças crônicas ou problemas com crianças que realizaram seu trabalho de greve no escritório central apontaram que suas contribuições não foram reconhecidas ou valorizadas pelas oito linhas de piquetes ao ar livre. Mesmo que o trabalho administrativo e organizacional fosse absolutamente fundamental, não era o trabalho duro, perigoso e frio dos piquetes. Era doméstico, quente e seguro: em outras palavras, feminilizado. Autodenominando-se a "Nona Linha", os grevistas administrativos pressionaram o restante do sindicato a valorizar seu trabalho e reconhecer os padrões sexistas e capazes por trás da valorização diferencial das ações de greve.

As suposições implícitas por trás das ideias sobre quem eram os manifestantes e os grevistas também estavam se tornando claras enquanto eu tentava conciliar ativismo e maternidade. Algumas das primeiras experiências de Maddy em grandes marchas foram as Paradas do Orgulho, que, no início dos anos 2000, eram eventos comemorativos, em vez de espaços de protesto. Amigos da pós-graduação e eu também carregávamos as crianças e distribuíamos os carrinhos todos os meses de março para o Dia Internacional da Mulher. Normalmente, o dia começava com uma manifestação no campus da Universidade de Toronto e continuava com uma marcha pelo centro da cidade em direção à prefeitura. As crianças eram soldados incríveis. O início de março ainda está frio e vamos ser honestos, a manifestação tem pouco interesse para crianças de dois a seis anos. Mas talvez essas marchas frias tenham preparado Maddy para vir comigo aos comícios no Parque da Rainha durante a greve de York. Ela adorou, mesmo no frio de janeiro. Acho que ela sempre teve um espírito anarquista. Ela estava certa em seu elemento, gritando com representantes políticos, olhando para a polícia. Mas, em muitos casos, as responsabilidades dos pais não combinam bem com protestos e ativismo.

Em junho de 2010, as reuniões do G20 foram realizadas em Toronto, com reuniões do G8 ao norte da cidade, em Huntsville. A cidade já estava em um estado ultra patrulhada havia semanas, com paredes sendo erguidas ao redor dos locais de reunião e polêmicas leis de emergência dando à polícia um conjunto de poderes ilegais. Era o verão após meu primeiro ano em Sackville e voltei para casa por alguns meses antes de me preparar para me mudar em tempo integral para New Brunswick. O protesto do G20 não era um evento que eu quisesse perder. A cúpula de

Toronto foi agendada para o fim de semana de 26 a 27 de junho, mas na semana anterior eu vi uma série de marchas cada vez maiores que levaram aos protestos maciços. Na sexta-feira, dia 25, desci até o parque em Allan Gardens. Juntei-me a milhares de pessoas que se preparavam para marchar em direção à sede da polícia de Toronto, liderada pelo grupo de direitos dos imigrantes *No One is Illegal* (Ninguém é Ilegal). Caminhando para o parque, fui revistada de forma ilegal pela polícia, mas eu queria ir para a passeata, então, segurei minha língua enquanto ele vasculhava minha bolsa. O lenço que planejei usar como máscara de gás lacrimogêneo estava lindamente enrolado no meu cabelo, então pelo menos isso ele não iria confiscar.

Enquanto a multidão finalmente caminhava para a rua, a polícia se enfileirou dos dois lados da multidão, usando suas bicicletas como barricadas. Embora eles ainda estivessem vestidos com uniformes normais de verão, as máscaras de choque estavam penduradas em seus guidões. A marcha começou lentamente, indo em direção ao Oeste. Eu não estava longe da frente quando paramos do lado de fora da sede da polícia. Algumas quadras atrás, algo estava acontecendo. A polícia atacou alguns manifestantes. Agora havia um buraco no grupo e as pessoas estavam recuando para ver o que estava acontecendo. "Paper Planes" por M.I.A. estava explodindo de um sistema de som portátil. Não consigo esquecer os olhos subitamente arregalados de um policial ao perceber que o sinal para pôr as máscaras de choque e outros equipamentos havia sido dado. Ela se atrapalhou para tirar a máscara do guidão e colocá-la enquanto a polícia se tornava mais agressiva.

As coisas estavam esquentando. Isso foi um dia antes do infame incidente de "gatinho" e das prisões em massa que aconteceriam no sábado e no domingo. Em 27 de junho, a polícia circulou e conteve mais de trezentas pessoas (alguns manifestantes, alguns apenas passando) na Queen Street e na Avenida Spadina por quatro horas debaixo de uma chuva torrencial em uma tática conhecida como "gatinho". Centenas foram presos, elevando o total para espantosas 1.100 pessoas durante o fim de semana.[195] Os manifestantes foram detidos em instalações totalmente inadequadas, com pouca comida, sem atendimento médico e sem comunicação. Por fim, outros fatos hediondos durante a detenção foram descobertos, incluindo o assédio sexual e agressão a mulheres e pessoas não binárias.[196] Na marcha de sexta-feira, não tínhamos ideia de como seria o choque entre a polícia e os manifestantes. Na sexta-feira, as coisas pareciam "normais". A polícia fez algumas prisões, mas foram mínimas em comparação ao que estava por vir. Eu já tinha sido presa antes e não estava disposta a deixar isso acontecer de novo. Mas havia algo diferente. Minha filha de dez anos estava na escola esperando que eu fosse buscá-la.

Enquanto a marcha continuava seguindo para o Oeste, perto do Parque da Rainha e da estação de metrô antes de virar em direção ao centro da cidade, tive que tomar uma decisão rápida. Continuar a caminhar e participar do centro do protesto conforme se aproxima da zona altamente patrulhada, onde as coisas certamente ficarão mais arriscadas, ou sair da formação e entrar no metrô, garantindo-me poder voltar para o Oeste a tempo de pegar minha filha na escola. Lembro-me de sentir uma pontada de raiva ao perceber que aquela era uma escolha que as mulheres ao longo da História tiveram que fazer: ser politicamente ativa, enfrentando todos os seus riscos, ou desempenhar as funções de cuidadora no espaço privado e despolitizado de casa. Esta não é apenas uma forma sistêmica de as mulheres serem excluídas das oportunidades de terem suas vozes ouvidas pelo Estado, mas a responsabilidade desproporcional das mulheres pelo cuidado das crianças é normalmente ignorada pelos organizadores de protestos.

Quando a marcha começou a virar a esquina, meu parceiro e eu tivemos uma rápida conversa: "Quem ficaria e quem iria embora?". Sentindo o puxão da responsabilidade, decidi que seria eu a ir embora. A raiva que senti foi acompanhada pela vergonha quando rompi as fileiras e me obriguei ir para a entrada do metrô. Senti como se estivesse abandonando meus companheiros em um momento crucial. Era constrangedor pensar que as outras pessoas poderiam pensar que eu estivesse fugindo por estar com medo ou simplesmente por não me comprometer. Quando me sentei no vagão do metrô, cercada por estranhos que não sabiam, ou não se importavam com minha política, mudei de manifestante radical para apenas outra mãe indo pegar seu filho na escola. Parecia que essas duas identidades eram inconciliáveis.

Depois dos protestos do G20, quando toda a extensão das ações da força policial contra o povo de Toronto veio à tona, mais manifestações aconteceram. No Dia do Canadá, fui ao Parque da Rainha, desta vez, com Maddy, para participar de um comício pró-democracia e marchar.

Cercada por amigos e coberta por uma bandeira da paz com o arco-íris, Maddy teve o primeiro gostinho real de uma demonstração massiva nas ruas de sua cidade. Lembro-me de gritar: "É assim que se parece a democracia!" várias vezes enquanto marchávamos. Maddy tinha idade suficiente para entender o que estava acontecendo, mas não tinha experiência suficiente para entender por que a polícia agiu daquela maneira. "Eles não tinham regras que deveriam seguir?" "Sim, mas...". "As pessoas não tinham o direito de protestar?" "Sim, mas... ". Nos dias que se seguiram ao G20, ela começou a entender que viver em democracia significa que devemos exercer ativamente nossos direitos. E, às vezes, isso significa que temos que ir às ruas para lembrar as pessoas que estão no poder de suas responsabilidades e obrigações. Não me surpreendeu nem um pouco quando, oito anos depois, recebi um vídeo de Maddy na linha de frente de um comício #MeToo na Universidade McGill.

As mulheres equilibraram maternidade e ativismo político ao trazer os filhos quando podem, mas enfrentam censura por fazerem isso e sempre se preocupam com a segurança de seus filhos. As pessoas perguntarão: "Você não está colocando seus filhos em perigo?" "Você não está doutrinando-os com suas crenças, em vez de deixá-los decidir por si mesmos?" As linhas rígidas entre política e maternidade vão muito além dos círculos ativistas. As mulheres foram manchetes internacionais em 2018 apenas por estarem grávidas durante o mandato. A primeira-ministra da Nova Zelândia, Jacinda Ardern, é uma das poucas chefes de Estado que engravidou enquanto estava no cargo. Ela teve que declarar à imprensa obcecada: "Estou grávida, não incapacitada" para justificar a continuação de suas funções.[197] Um dia depois que o Senado dos EUA mudou as regras para permitir que bebês usassem o plenário durante as sessões de votação, a Senadora Tammy Duckworth tornou-se a primeira a votar com o filho recém-nascido ao lado.[198] E, no Canadá, Karina Gould se tornou a primeira ministra do gabinete federal a ter um bebê durante o mandato.[199] O fato de que esses "primeiros" estão acontecendo quase duas décadas depois do início do século 21 é incompreensível. Para os políticos, a maternidade e, especialmente, as circunstâncias óbvias da gravidez, como amamentação, bebês e crianças são tidas como incompatíveis com as atividades políticas. Para aquelas que seguem seu caminho como ativistas, ainda temos que nos questionar como mães e como ativistas – estamos adequadamente comprometidas com ambos os lados? Isso é de fato possível?

TURISMO ATIVISTA

A maternidade certamente mudou o meu relacionamento com o protesto mostrando-me como eu poderia e deveria agir, mas, de modo geral, apenas fortaleceu o meu comprometimento. Foi importante para mim ensinar à minha filha a importância das demonstrações públicas. Mesmo em Sackville, mantivemos esse espírito vivo com a maior assiduidade possível. De certa forma, as manifestações em cidades pequenas são ainda mais significativas, já que eventos como as Paradas do Orgulho LGBTQ e marchas TBTN [Take Back the Night] costumam ser relativamente novos em pequenas comunidades rurais.

Ainda assim, a oportunidade de participar de protestos é uma das coisas de que mais sinto falta morando em minha cidade, mas, de vez em quando, me deparo com uma manifestação enquanto estou viajando. Há alguns anos, decidi pular algumas sessões em uma conferência na cidade de Nova York. Um amigo sugeriu que eu desse uma olhada na Livraria St. Marks (agora fechada) no East Village. No caixa, vi um pequeno panfleto sobre um evento do Occupy Town Square [Ocupar a Praça] na Praça Tompkins, que estava acontecendo naquele mesmo dia. Pareceu uma coincidência: eu sempre quis ir até a Praça Tompkins, o cenário de protestos radicais antigentrificação de algumas décadas antes. Eu li sobre o parque tantas vezes em textos consagrados sobre gentrificação, mas nunca tive a chance de visitá-lo. Paguei os meus livros e segui pela Avenida A em direção à Rua 7 Leste, até o parque.

Isso foi em fevereiro de 2012, cerca de seis meses depois do início do protesto do Ocupar Wall Street em setembro de 2011. As manifestações do Ocupar a Praça estavam surgindo por toda parte, fornecendo locais alternativos para acampamentos temporários e espalhando a mensagem do Ocupar para bairros nas principais cidades. No Parque Tompkins, o evento de um dia de alguma forma parecia que sempre esteve lá. Havia uma cozinha, uma biblioteca, uma roda de tricô, bateristas, andadores de pernas-de-pau, artistas, confecção de camisetas e, parados, um número desproporcionalmente grande de policiais observando a aglomeração totalmente calma e pacífica. Parei para falar com David, um artista sem-teto que estava trocando placas de papelão com frases inteligentes por doações.

Peguei uma que dizia: "Querida, estou com frio, podemos ocupar um Starbucks agora?" Enquanto eu vagava de um grupo a outro, às vezes, conversando com as pessoas, às vezes, apenas olhando, finalmente, me senti conectada – de uma forma muito tênue – ao movimento Ocupar.

À medida que a tarde avançava, os manifestantes começaram a se agrupar para fazer um protesto mais verbal para encerrar o dia. Um megafone apareceu e uma pequena multidão se formou ao longo do caminho. A polícia ficou subitamente em alerta. Eles passaram a se aproximar cada vez mais dos manifestantes. Tudo ainda estava bastante calmo e eu não achei o confronto fosse inevitável. Eu estava transitando próximo à borda da aglomeração dos manifestantes, até que me lembrei de que eu não estava em casa. Eu não sou uma cidadã americana. Eu não estava com meu passaporte. Uma confortável bolha inocência canadense e meu privilégio como mulher branca me permitiram ignorar minha posição menos consistente em um protesto em Nova York. Muitos nunca poderiam se dar ao luxo de esquecer que a polícia ou outros agentes do estado podem atacá-los a qualquer momento. Na maioria dos casos, posso usar esse privilégio para participar de demonstrações em nome de outras pessoas que possuem menos segurança. Mas eu não queria descobrir o que aconteceria comigo se eu fosse abordada pela polícia ou mesmo presa em um protesto do Ocupar, sem nenhuma identificação além do meu crachá da conferência e talvez minha carteira de motorista de New Brunswick. Com pesar, me afastei do grupo e segui em direção ao metrô, voltando para a segurança insípida do centro de convenções.

Eu queria ver o Parque Tompkins por causa de sua história como um local de luta pelo direito à cidade entre as comunidades pobres, da classe trabalhadora e de imigrantes que enfrentam o deslocamento pela gentrificação. Foi incrível descobrir que a Praça Tompkins ainda era um lugar onde os ativistas se reuniam, mesmo por curtos períodos. Enquanto o bairro em si foi gentrificado, a importância da Praça Tompkins como um local histórico de ativismo urbano permaneceu destacado.

Alguns lugares parecem ter um espírito de resistência embutido neles, onde longas histórias de protesto saturaram comunidades, mesmo quando a demografia dessas comunidades mudou. Foi assim que o Lower West Side de Chicago foi descrito para mim quando visitei os bairros de Pilsen e Little Village para fazer pesquisas sobre o ativismo pela justiça ambiental e a resistência à gentrificação. A Zona Oeste de Chicago foi o berço do ativismo trabalhista radical nos EUA, com eventos como os Motins de Haymarket, a Batalha do Viaduto da Rua Halsted, greves de roupas, greves de mulheres e mais agitações em Chicago no final do século XIX e início do século XX. Trabalhadores imigrantes da Zona Oeste – primeiro europeus orientais e, depois, em meados do século XX, mexicanos – lutaram pelos seus direitos a segurança em suas condições de trabalho e justa remuneração.[200] Ao mesmo tempo, tiveram que lutar por suas casas e bairros, enquanto grandes projetos de renovação urbana deslocaram milhares de pessoas e os empurraram ainda mais para o Oeste nas regiões que hoje correspondem ao "México do Meio Oeste".

Quando comecei a conhecer Pilsen e Little Village em 2015, as comunidades predominantemente latinas estavam enfrentando novas lutas contra o racismo ambiental e o ataque gradual de gentrificação, à medida que os altos preços dos imóveis em outras regiões levavam os jovens brancos para o Oeste em busca de aluguéis mais baixos. Pilsen e Little Village há muito são o local de uma série de indústrias, de terrenos tóxicos, de cursos de água e fontes contínuas de poluição, como usinas elétricas movidas a carvão. Os organizadores da justiça ambiental em Little Village e os organizadores comunitários em Pilsen se basearam nas longas histórias de ativismo político nesses bairros, histórias que antecederam a chegada de mexicanos e outros imigrantes latinos. O protesto estava nos ossos do Lower West Side, eles disseram. Combinado com as experiências específicas de mexicanos e outros migrantes latinos que lutam contra o deslocamento, o racismo e as políticas de imigração xenófobas, uma marca poderosa de resistência foi fomentada e mantida aqui.[201]

Eu vi sinais disso em todas as comunidades. Dos enormes e vibrantes murais retratando eventos culturalmente significativos e heróis locais aos slogans antigentrificação rabiscados às pressas ("Pilsen não está à venda!"), havia um sentido palpável de comprometimento com uma luta contínua contra as forças que buscam remover e marginalizar ainda mais as suas comunidades. Não quero romantizar essas lutas ou os próprios bairros, mas acreditava nos ativistas que sentiam que a resistência não estava apenas em seu sangue, mas também nos tijolos e na argamassa dos prédios de suas comunidades.

Ao mesmo tempo, eu tinha total consciência de que essa história de resistência estava sendo diminuída (até mesmo cooptada, em alguns casos) pela entrada de brancos, locatários de classe média, proprietários e empresas, especialmente em Pilsen, que já estavam sendo gentrificados há muitos anos. Eu também sabia que eu fazia parte do problema. Um pesquisador branco, alugando apartamentos do Airbnb a preços inflacionados, minha presença confirmando a normalidade dos hipsters brancos em uma comunidade latina antiga. Sim, eu estava lá para estudar e, com sorte, apoiar os esforços das organizações comunitárias para resistir ao deslocamento. Mas eu também estava contribuindo para a gentrificação com a minha presença e, talvez, minando os movimentos sobre os quais eu queria estudar mais.

AULAS DE PROTESTO

Ao longo dos meus muitos anos como estudante, ativista, professora e pesquisadora, aprendi muitas lições sobre as tensões e até mesmo as contradições do ativismo feminista e urbano. Eu não sabia nada sobre protesto quando me ofereci para ser presa no protesto antiviolência. Achei que simplesmente "ser feminista" já era solidariedade suficiente. Foi só depois da prisão que eu realmente entendi como as profundas divisões podem afetar os movimentos. As vinte ou mais de nós que foram presas e acusadas por má conduta queríamos nos encontrar para discutir nossos próximos passos. Theresa e eu tínhamos um espaço disponível na sala de convivência em nossa residência na Universidade de Toronto. Para nós, era uma sala antiquada e bastante surrada, com um carpete fedido e sofás de molas. Mas, para algumas das ativistas mais experientes, o edifício de pedra ornado com suas lareiras gigantes e pisos de madeira cheirava a privilégio. Elas não estavam erradas. Eu simplesmente não tinha sido capaz de ver dessa forma antes. Theresa e eu, de repente, percebemos que não éramos mais absolutamente confiáveis.

Essas e outras divisões por idade, classe e raça geraram negociações tensas. Algumas argumentaram que, uma vez que o próprio sistema de justiça era classista, racista e patriarcal, deveríamos nos recusar a nos comprometer o máximo possível. Outras ainda eram menores de idade que tinham que considerar a vontade dos pais. Outras queriam dispender o menor esforço possível para armazenar energia antes da próxima atividade. Todas essas posições eram razoáveis, mas levaram a uma quebra muito rápida no orgulho de cada uma e na solidariedade entre nós para planejar e executar o próximo protesto. Foi a primeira vez que percebi que ser uma estudante de estudos femininos pode realmente fazer outras feministas desconfiarem de mim, em vez de me verem como uma aliada óbvia com os mesmos compromissos com a mudança social. Nunca me ocorreu que minha educação seria outra coisa senão um trunfo nos movimentos sociais feministas. Eu me senti abalada, mas estava sendo educada dentro da interseccionalidade.

A cidade de Toronto foi chamada a despertar de modo interseccional em 2016, quando o Black Lives Matter Toronto (BLM-TO) interrompeu imensa Parada do Orgulho por trinta minutos. BLM é um dos exemplos mais ferozes de organização de movimentos urbanos intersetoriais. Iniciado por três mulheres na esteira do assassinato de Trayvon Martin, BLM reconhece as profundas interconexões entre questões como insegurança de gênero na moradia, gentrificação, violência doméstica, pobreza, racismo e brutalidade policial. Os capítulos do BLM nos Estados Unidos e no Canadá estão na vanguarda, incentivando as cidades a reconhecer seus legados discriminatórios e a imaginar diferentes futuros urbanos. Em um sufocante domingo de julho em Toronto, o BLM-TO apresentou ao Orgulho Toronto uma lista de demandas que, como disse o ativista e acadêmico gay negro Rinaldo Walcott, mergulhou "a comunidade gay de Toronto em uma Guerra Civil Gay" que iria abalar o relacionamento entre Toronto e o Orgulho por muitos anos à frente.[202]

Aconteceu de eu estar em Toronto naquele fim de semana e decidi participar da parada. Já vimos o primeiro-ministro Justin Trudeau entrando em um SUV preto a caminho da área de embarque, com camisa rosa e tudo. O sol estava brilhando e a animação era grande quando os primeiros carros alegóricos entraram na Yonge Street, a música ritmada, corpos se movendo, pistolas d'água esguichando. Bateristas indígenas e BLM-TO lideravam a parada. Trudeau seguiu logo em seguida com uma grande salva de aplausos. Lembro-me de comentar com meu parceiro que a marcha da polícia uniformizada era a parte que eu menos gostava no Orgulho. Eu me encolheria quando a multidão explodisse em apoio a esses oficiais armados. Mas antes que isso pudesse acontecer neste ano, a parada parou. Não vimos nada, mas o enorme carro corporativo parou na nossa frente. Só mais tarde percebemos o que havia acontecido alguns quarteirões mais para baixo. Cercados por bateristas indígenas, os ativistas do BLM-TO se sentaram no cruzamento entre Yonge e College, recusando-se andar até que o chefe do Orgulho aceitasse sua lista de exigências. Aquela que se tornaria a mais polêmica: "proibir policiais de marchar uniformizados ou de uniforme completo, portando armas na parada".[203]

Para os ativistas gays negros liderando o BLM-TO, uma compreensão de como a polícia continuou a criminalizar e atacar os jovens de cor gays e indígenas, profissionais do sexo, pessoas trans e pessoas gays que vivem na pobreza foi fundamental para a alegação de que o Orgulho era uma empresa, um espaço caiado de branco, que ignorou a marginalização contínua dos membros mais vulneráveis da comunidade em troca do apoio da prefeitura, das corporações e organizações como a polícia e os militares. Walcott, que participou do protesto, observa:

> A coordenação entre o BLM-TO e a comunidade indígena sinalizou uma relação diferente com a política contemporânea. Sinalizou que ativistas e pensadores negros e indígenas estão buscando formas de trabalharem juntos...[204] Seria desonesto acreditar que aqueles afetados pelas brutalidades do policiamento não são negros gays e indígenas, porque eles são.

O apelo à proibição de policiais uniformizados destacou uma desconexão na comunidade gay. Muitos na comunidade gay tradicional veem o Orgulho como um momento de pura celebração e acreditam que a marcha da polícia na parada representa progresso, inclusão e aceitação. BLM-TO e seus apoiadores argumentam que o policiamento representa um "perigo claro e presente para eles" e que deixar de reconhecer isso é uma falha em incluir negros e indígenas, pessoas de cor, pessoas trans, profissionais do sexo e pessoas pobres no Orgulho. Também faz parte do lento apagamento das raízes do Orgulho nos distúrbios contra a polícia, começando com os distúrbios de Stonewall Inn em Nova York, em 1969, e com os distúrbios de Toronto em resposta a batidas em casas de banho em 1981. A intervenção do BLM-TO iniciou uma onda de mudança. Embora a diretoria do Orgulho tenha tentado reintegrar a polícia para a parada de 2019, os membros da organização votaram contra essa proposta, sugerindo que muitos receberam amistosamente a mensagem do BLM-TO.

Já se passaram mais de vinte anos desde o protesto quando fui presa. Como todos os ativistas e acadêmicos politicamente comprometidos, tive que aprender da maneira mais difícil (que é a única maneira, na verdade) que você encontrará mais contradições do que soluções em seu trabalho, especialmente quando seus privilégios são evidentes. À medida que deixei de ser uma estudante para me tornar uma acadêmica em tempo integral, meu compromisso com a intersecção da política feminista e dos movimentos pelo direito à cidade teve que encontrar novos modos de expressão. Eu fico na frente de uma sala de aula e inicio conversas sobre violência policial, assédio sexual, cultura de estupro, espaços LGBTQ2S+, capacitação, colonialismo de colonizadores e dezenas de outros tópicos com carga política. Tento cultivar e apoiar o ativismo estudantil a cada oportunidade.

Estou comprometida com a solidariedade sindical. Mas eu seria a primeira a dizer que, às vezes, precisamos ser só uma pessoa nas ruas. Os direitos não são conquistados e defendidos em sala de aula, nas redes sociais, ou mesmo por meio de política eleitoral. O trabalho tem que acontecer em público.

A história é clara em mostrar que a mudança social não acontece sem alguma forma de protesto e, de fato, a maioria das melhorias na vida das mulheres nas cidades pode ser rastreada até os movimentos ativistas. Nem todas as mulheres participarão de alguma forma de protesto; na verdade, a maioria jamais o fará. Mas todas as nossas vidas foram moldadas por eles. Para mim, os espaços de ativismo são meus maiores mestres. Eu não seria capaz de expressar o que uma cidade feminista precisa sem essas experiências. Aprendi muito sobre como protestar ao longo dos anos, mas, mais importante, aprendi que uma cidade feminista é aquela pela qual se deve estar disposto a lutar por ela.

CAPÍTULO 5

CIDADE
DO
MEDO

Nasci em 1975, o momento perfeito para uma infância assombrada pelo espectro de um perigo estranho. Na escola, recebíamos visitas anuais de policiais que demonstravam as técnicas mais recentes para evitar sequestradores. Nunca diga a ninguém no telefone que está sozinho em casa. Tenha uma palavra-código que só você e seus pais saibam. Nunca ajude ninguém a procurar um cachorro perdido. Não aceite doces. Com a escalada da transmissão internacional de notícias 24 horas por dia, histórias de crianças desaparecidas prenderam nossa atenção com os olhos esbugalhados e nos lembravam para ser sempre cautelosos. O desaparecimento de Nicole Morin, de oito anos, em 1985, no extremo oeste de Toronto, não muito longe de onde morávamos, foi um momento assustador. Eu tinha quase dez anos. Nicole entrou no elevador a caminho da piscina de seu prédio e desapareceu sem deixar vestígios. A foto dela estava em toda parte: uma criança de aparência normal de cabelos castanho-escuros como os meus. Mais de trinta anos depois, ela nunca foi encontrada. A imagem de uma menina de maiô listrado vermelho que desaparece em instantes ainda é assustadora.

Provavelmente, não muito depois do suposto sequestro de Nicole Morin a ameaça na figura de um estranho começou a assumir uma forma especificamente de gênero para mim. O sequestrador sem rosto lentamente ganhou as feições específicas de um predador que busca meninas e mulheres. Tomei consciência de ser vulnerável não só porque era criança, mas porque era menina. Não houve um momento ou lição que tenha transmitido essa mensagem. Em vez disso, foi uma lenta sucessão de pistas sutis que, ao serem condensadas, enviaram um alerta claro sobre onde estava o perigo e como eu deveria evitá-lo.

Morávamos numa casa nos subúrbios em um bairro da classe operária quando eu era criança. Havia muitas famílias em volta, mas nossos vizinhos mais próximos eram meninos um pouco mais velhos do que meu irmão e eu. Nos primeiros dois anos, todos nós jogamos juntos sem preocupações: beisebol no campo de hidro, hóquei na garagem, andando com nossas bicicletas para cima e para baixo na rua. Com o passar do tempo, os meninos se tornaram adolescentes, enquanto meu irmão e eu continuávamos crianças. Estranhamente, meus pais ficavam desconfiados com aqueles meninos, especialmente se minhas amigas e eu saíamos para brincar. Não era nada explícito. Apenas a sensação de que algo havia mudado e devíamos "tomar cuidado". Uma tarde, os meninos fingiram sequestrar meu amigo e eu, encurralando-nos atrás da rede de hóquei em sua garagem, dizendo que não iriam nos deixar sair. Claro que sim, mas a piada parecia um pouco sinistra de um modo como nossos jogos infantis não pareciam. De repente, parecia que talvez minha mãe tivesse razão em se preocupar. Sobre o quê, eu ainda não tinha certeza.

Conversas à noite no beliche do acampamento de verão deram continuidade à minha educação. Sempre que falávamos sobre meninos, as histórias eram tingidas com uma sensação de perigo. O clichê do acampamento de verão, "ataques às calcinhas", era o tipo de coisa que podíamos falar abertamente, mas sabíamos que havia mais perigo para os meninos do que apenas o furto de peças íntimas. Ninguém quis identificar a ameaça de estupro ou abuso sexual. Sabíamos que ficar sozinha e sair à noite eram os momentos em que essas ameaças podiam se tornar reais. Estávamos começando a entender que nunca deveríamos ficar sozinhas com meninos e que sempre precisávamos ter um plano para nossa própria segurança. Não há como fazer justiça aos anos da puberdade e descrever todas as mensagens subentendidas que as meninas recebem sobre os nossos corpos, roupas, cabelos, maquiagem, peso, higiene e comportamentos que alimentam a mensagem subentendida maior sobre o controle de nós mesmas em prol de nossa segurança. É quando o volume aumenta com a mensagem subentendida de que meninas e mulheres são vulneráveis devido ao nosso gênero e que o desenvolvimento sexual vai tornar esse perigo real. As instruções sobre o comportamento adequado (de como se sentar, falar, andar, se comportar, etc.) assumem um senso de urgência que indica que não se trata apenas de um comportamento social educado. Algumas mulheres podem identificar o momento exato em que perceberam algo diferente. Talvez tenha sido o dia em que a mãe lhe disse para começar a fechar o robe por cima da camisola, ou a noite em que o uso brincalhão da maquiagem da mãe e do salto alto passou de fofo para inadequado. Para muitas de nós, no entanto, a mensagem subentendida chega como um soro intravenoso, acumulando-se em nossos sistemas tão gradualmente que, a partir do momento em que tomamos conhecimento, dissolveu-se totalmente em nossa corrente sanguínea. Já se torna natural, faz parte do bom senso, é inerente.

O MEDO FEMININO

A socialização é tão poderosa e profunda que o próprio "medo feminino" foi considerado uma característica inata de meninas e mulheres. A onipresença do "medo feminino" fascinou psicólogos, criminologistas, sociólogos e outros que desejam compreender o comportamento humano. Quando comecei a fazer pesquisas para meu projeto de mestrado sobre os sentimentos de segurança e medo das mulheres em espaços urbanos e suburbanos, o volume de pesquisas procurando explicar o medo das mulheres me oprimiu. Da biologia evolutiva à antropologia e aos estudos das mulheres e de gênero, há poucas disciplinas que não abordaram o assunto.[205] Pesquisas sobre o medo do crime e o medo da violência foram populares entre os cientistas sociais nas décadas de 1980 e 1990 para coletar dados sobre onde, quando e com quem as mulheres sentem medo. Estudo após estudo produziu padrões semelhantes: as mulheres identificaram as cidades, a noite e os estranhos como as principais fontes de ameaça. Em estudos canadenses e americanos do início da década de 1990, a taxa relatada de medo das mulheres era até três vezes a taxa relatada do medo dos homens.[206]

A essa altura, dados suficientes foram coletados sobre violência doméstica e crimes contra as mulheres em geral para que os cientistas sociais saibam que as mulheres têm muito mais probabilidade de sofrer violência nas mãos de pessoas que elas conhecem, em espaços privados, como casa e locais de trabalho. Os homens eram mais propensos a serem vítimas de crimes (denunciados) em espaços públicos, como roubo ou assalto. No entanto, as mulheres sempre relatam ter medo de estranhos em espaços públicos. Essa aparente desconexão foi rotulada de "paradoxo do medo das mulheres", com alguns pesquisadores caracterizando os sentimentos das mulheres como "irracionais" e "inexplicáveis" pelas evidências. Como Carolyn Whitzman observa, o refrão era: "O que há de errado com essas mulheres, afinal?".[207] Claro, esses estudos não perguntaram se as pessoas se sentiam seguras em casa. O medo do crime sempre foi considerado um fenômeno público, uma suposição que sugere uma falta de análise de gênero desde o início.

Geógrafas feministas, sociólogas e psicólogas não ficaram, chocantemente, satisfeitas com a conclusão de que as mulheres sejam irracionais. Isso não apenas reforçava um estereótipo desgastado, mas também provavelmente era uma ciência ruim. Se sua melhor explicação é que os sentimentos e o comportamento de um grande grupo de pessoas sejam irracionais, provavelmente não está se aprofundando o suficiente em relação ao fenômeno. Uma análise mais ampla de socialização, poder, heteropatriarcado e trauma revelou que o chamado paradoxo do medo das mulheres só era paradoxal quando visto por uma lente que ignorava as relações de poder de gênero.[208] De uma perspectiva feminista que leva a sério as realidades vividas pelas mulheres, o paradoxo não era nada disso, nem as mulheres eram remotamente irracionais. Whitzman insiste que aqueles intrigados com o medo das mulheres estavam ignorando alguns fatos essenciais – e para as feministas, um tanto óbvios. No topo de sua lista: "O crime que as mulheres mais temem é o estupro. O crime que os homens mais temem é o roubo. Roubo é uma coisa ruim de acontecer a você. Estupro é pior".[209]

Parece claro que a violência sexual gera uma intensa sensação de medo, mas esse fator foi escondido pela natureza genérica do medo das pesquisas sobre crime. Acadêmicas feministas também apontam que a violência sexual é bastante subestimada, sugerindo que as taxas de violência contra as mulheres são subestimadas de forma massiva usando estatísticas baseadas em crimes relatados. A experiência de agressões anteriores também pode deixar as mulheres com um medo intenso em relação a agressões futuras. As próprias experiências cotidianas de assobios e de assédio sexual servem para reforçar o medo, pois as mulheres são constantemente sexualizadas, objetivadas e desconfortáveis em espaços públicos.[210] A geógrafa Hille Koskela observa que "o assédio sexual lembra às mulheres todos os dias que elas não foram feitas para estar em certos espaços".[211]

O efeito a longo prazo da socialização infantil também deve ser considerado. Recebemos instruções muito explícitas para temer estranhos e espaços públicos à noite. A mídia de notícias também desempenha um papel por meio de reportagens sensacionalistas sobre crimes violentos de estranhos contra mulheres e uma relativa falta de reportagens sobre violência praticada pelo parceiro íntimo. Todo gênero de programas policiais gira em torno de retratos de atos hediondos de violência contra as mulheres, a cada temporada aumentando os crimes imaginários e cenas descritivas (estou me referindo a vocês, *Criminal Minds* e *Law & Order: SVU*). A agressão sexual é um tropo comum em filmes, livros e televisão, muitas vezes usado por autores para ilustrar um momento crucial no desenvolvimento do caráter de uma mulher. Juntos, esses retratos implicam que a violência de estranhos e a agressão sexual estão sempre ao virar a esquina. O comediante Tig Notaro tem uma piada que capta os efeitos disso perfeitamente. Toda vez que um homem a deixa desconfortável em público, ela se pergunta: "Este será o meu estupro?" Rimos de modo desconfortável, porque soa verdadeiro. Nós quase acreditamos que o "nosso estupro" já nos esperando lá fora, uma inevitabilidade oculta nas sombras.

Em contraste, violência doméstica, agressão sexual por pessoas conhecidas, incesto, abuso infantil e outros crimes "privados", embora muito mais prevalentes, recebem muito menos atenção. De uma perspectiva feminista, essa diferença de atenção serve para direcionar o medo das mulheres para o lado de fora, longe de casa e da família, reforçando as instituições patriarcais como a família nuclear e a dependência das mulheres na parceria heterossexual para uma aparência de segurança. Em um ciclo vicioso, isso estigmatiza a violência vivida dentro do espaço "seguro" da casa e afasta-a para ainda mais longe da vista.

Pesando todos esses fatores – subnotificação, assédio, socialização, mídia – o paradoxo do medo das mulheres começa a se dissolver. Na verdade, conclui Whitzman, "o medo das mulheres é altamente racional".[212] Em vez de tentar localizar alguma causa interna ou explicação para o medo das mulheres, as feministas estão mais interessadas em situá-lo dentro de estruturas, sistemas e instituições mais amplas. E isso nos leva à pergunta: "Por que o medo das mulheres está tão profundamente enraizado, tanto social quanto culturalmente?". A única explicação é que ele serve a algum tipo de função social.

É muito do Women's Studies, 101 mas vale a pena repetir: a função social do medo das mulheres é controlá-las. O medo restringe a vida das mulheres. Limita nosso uso dos espaços públicos, molda nossas escolhas sobre trabalho e outras oportunidades econômicas e nos mantém, no que talvez seja um paradoxo real, dependentes dos homens como nossos protetores. Tudo isso serve para sustentar um sistema capitalista heteropatriarcal, em que as mulheres são ligadas ao espaço privado do lar e responsáveis pelo trabalho doméstico dentro da instituição da família nuclear. É um sistema que beneficia os homens como um grupo e mantém o status quo de uma forma muito eficaz.

MAPEANDO O PERIGO

Onde o espaço entra em tudo isso? O que isso tem a ver com a cidade? Como o controle social e a geografia funcionam juntos? Essas questões representam precisamente o ponto em que a formação dos meus estudos femininos encontrou a geografia e mudou minha perspectiva e minha vida acadêmica para sempre. Porque a geografia nos ajuda a responder à pergunta "Como". Como o controle social baseado em gênero realmente funciona? Como isso funciona na prática e como é aplicado?

As pesquisas de medo do crime perguntam aos participantes sobre quem eles temem e, para as mulheres, a resposta sempre são os homens. Mas os homens como um grupo não podem ser evitados. O medo que as mulheres têm dos homens assume uma lógica geográfica. Descobrimos quais lugares evitar, em vez de que pessoas. A geógrafa feminista Gill Valentine explica que esta é uma forma de lidar com um estado de medo constante: "As mulheres não podem ter medo de todos os homens o tempo todo, portanto, para manter a ilusão de controle sobre sua segurança, elas precisam saber onde e quando eles podem encontrar 'homens perigosos' para poder evitá-los".[213]

Claro, a ideia de "homens perigosos" não é puramente geográfica. As características sociais entram em jogo, principalmente por meio de estereótipos e da disseminação do medo de que posicionam grupos como os homens de cor ou os sem-teto como ameaçadores. Para mulheres de cor, que relatam níveis mais elevados de assédio e violência do que mulheres brancas, homens brancos e figuras de autoridade do sexo masculino, como policiais, podem ser especialmente preocupantes.[214] Mas, uma vez que temos muito pouco controle sobre a presença de homens em nossos ambientes, e não podemos funcionar em um estado de medo constante, deslocamos parte do nosso medo para os espaços: ruas, becos, plataformas de metrô, calçadas escuras da cidade.

Esses espaços povoam nossos mapas mentais pessoais de segurança e medo. O mapa é uma colagem viva, com imagens, palavras e emoções espalhadas por nossos bairros e rotas de viagem. As camadas vêm de experiências pessoais de perigo e assédio, mas também da mídia, rumores, mitos urbanos e o bom e velho "bom senso" que satura qualquer cultura. O mapa muda do dia para a noite, do dia útil para o fim de semana, de uma estação do ano para outra. A pesquisa da geógrafa Rachel Pain sugere que essas geografias do medo mudam ao longo de nossas vidas, especialmente se nos tornarmos pais e quando começarmos a envelhecer.[215] O mapa é dinâmico. Um momento desconfortável ou assustador pode mudar isso para sempre.

É difícil argumentar com noção de bom senso de que é "natural" para as mulheres, como pessoas "inerentemente vulneráveis", codificar o meio ambiente em termos de ameaça e segurança. Tenho certeza de que alguém aí está fadado a dizer que é algum tipo de traço evolutivo. Mas estou muito mais interessada em questionar os efeitos de estar em dívida com esses mapas de perigo e o que isso significa para a vida das mulheres. E a evolução pode esmiuçar isso por algum tempo: esses mapas raramente incluem como perigosos os lugares onde as mulheres enfrentam mais violência – sua casa e outros espaços privados. Em vez disso, as ameaças são externalizadas no ambiente urbano, em parques, vielas, garagens e estacionamentos. Frequentemente, esses espaços são racialmente codificados ou classificados. Novamente, não é que as mulheres sejam irracionais ou façam escolhas erradas. Estamos refletindo com precisão as mensagens que a sociedade nos incutiu. Os efeitos a longo prazo e diários, entretanto, são substanciais.

No final do meu último ano de universidade, fui chamada para um emprego temporário de recepcionista no extremo Leste de Toronto. Eu desconhecia totalmente a região, que acabou por se tornar um parque industrial, cheio de fábricas de pequeno porte e de armazéns. Não havia calçadas. Escolhi meu caminho ao longo das estradas irregulares, tentando evitar vidros e pregos. Meus lindos sapatos de escritório não foram projetados para essa jornada. Não havia ninguém mais caminhando comigo. Eu me senti deslocada como uma jovem bem-vestida nessas ruas. Depois de alguns dias, meu chefe perguntou à agência se eles poderiam me manter enquanto eu estivesse disponível. Feliz por evitar o malabarismo com vários empregos temporários de verão, eu concordei. Apesar do meu desconforto, pelo menos havia luz do dia até mais tarde e eu não precisava andar no escuro. Mas se este trabalho me fosse oferecido no outono, ou se eu quisesse mantê-lo a longo prazo, eu teria que considerar minha segurança na minha escolha e talvez recusar uma boa oportunidade de trabalho.

O CUSTO DO MEDO

Esses são os custos ocultos do medo, que impedem as mulheres de viver uma vida plena, livre e independente na cidade. As consequências sociais, psicológicas e econômicas são substanciais. Elas colocam um peso enorme sobre os dias já sobrecarregados das mulheres: temos a "dupla jornada" de trabalho remunerado e o não remunerado, a tripla jornada de lidar com racismo, homofobia, capacitação, etc. por cima do sexismo, e a quádrupla jornada de constantemente administrar nossa segurança.

As intermináveis medidas de precaução roubam tempo e energia valiosos. Toda mulher tem histórias de quando saiu do metrô ou do ônibus em uma parada distante, porque temia estar sendo seguida, ou fez um caminho longo e tortuoso para casa para ter certeza de que estava realmente sozinha. Evitamos atalhos em vielas e parques. Variamos nossas rotas de viagem e carregamos nossas chaves dentro da mão.

Fingimos estar ao telefone. Evitamos radicalmente certos lugares. Tudo isso se soma a um conjunto exaustivo de decisões de segurança rotineiras e espontâneas e à necessidade de constante conscientização e atenção às questões de segurança.

O estresse gerado por um estado de desconforto constante, embora, em geral, baixo, no ambiente diário não é saudável e pode ter ramificações a longo prazo. Pesquisas recentes sugerem que os altos níveis de estresse afetam a longevidade e podem até aparecer como danos ao nosso DNA. É deprimente recusar eventos, ou sair mais cedo, porque não há um caminho seguro e acessível até chegar em casa. É psicologicamente desgastante adivinhar nossas escolhas, nos perguntando se seremos culpadas se algo ruim nos acontecer.[216] Infelizmente, estamos certas em nos preocupar com isso. Estudos de reportagens da mídia sobre violência contra mulheres – pública e doméstica – descobriram que a mídia questiona implicitamente as ações, saúde mental, história e hábitos da sobrevivente, especialmente se a vítima for negra, indígena ou marginalizada de alguma outra forma.[217]

Economicamente, esses medos têm resultados materiais consistentes. Um turno noturno com melhor remuneração, ou um trabalho em uma região aparentemente perigosa pode ter que ser recusado. Aulas noturnas que levariam a mais treinamento e empregos mais bem remunerados podem ter que ser evitadas. A moradia a preços acessíveis pode ser inacessível se estiver em uma área insegura. Esses custos raramente são contabilizados, mesmo quando se discutem coisas como o "imposto cor-de-rosa". Talvez mais óbvios, embora ainda subestimados, sejam os custos suportados quando as mulheres evitam as opções mais baratas de andar de bicicleta, ou a pé para evitar o assédio. A pesquisa mostra que, na maioria dos países, as mulheres caminham significativamente menos por dia do que os homens. Não é preguiça. Pesquisando mulheres em cidades como Jacarta, Semarang, Bristol e Washington, a jornalista Talia Shadwell descobriu que as mulheres muitas vezes tinham que enfrentar assédio indo para a escola ou o trabalho, fazendo-as pagar por táxis, pegar caronas ou ônibus, mesmo para percorrer uma curta distância.[218] Pagar por um carro, um telefone celular ou um prédio com segurança também são encargos financeiros adicionais. Para os homens, isso pode parecer um bônus; para muitas mulheres, são necessidades. E, claro, o acesso a essas necessidades varia muito de acordo com a renda, raça, capacitação e status de cidadania.

No final das contas, essas limitações, custos e tensões equivalem a um programa indireto, mas altamente eficaz de controle social. Nossos medos reforçados socialmente nos impedem de habitar a cidade plenamente e de aproveitar ao máximo nossas vidas no dia a dia.

Quem se beneficia com tudo isso? Não parece ultrajante e até ilógico que a sociedade limite tanto as mulheres? Afinal, as perdas não nascem puramente de indivíduos. Pode-se calcular a perda de produtividade econômica das mulheres devido às escolhas baseadas no medo e ver seu efeito mais amplo na sociedade. Mas a sociedade não funciona com uma lógica puramente econômica, ou pelo menos não uma lógica que supõe ou deseja um campo de jogo igual para todos. A lógica econômica de uma sociedade sexista, racista, trans, homofóbica e apta opera na suposição tácita de que o poder econômico e outras formas de poder devem primeiro ser maximizadas para homens brancos, heterossexuais, cis e saudáveis.

Caso isso pareça um pouco abstrato, pense nos perfis repetitivos da mídia sobre a "ansiedade econômica" que assola o homem branco da classe trabalhadora que votou em Trump. A indignação desse grupo – e os movimentos constantes para apaziguá-los ou restaurar algum tipo de passado imaginário para satisfazer seus anseios – tem como premissa a ideia de que sua brancura e privilégio masculino sempre os manterão pelo menos um ou dois degraus socioeconômicos acima das mulheres e pessoas de cor. Sua crença de que essa hierarquia está desmoronando se expressa em uma reação frequentemente violenta contra outros grupos, que adiciona mais uma camada de medo à vida de muitas pessoas.

DANDO MEIA-VOLTA

O reconhecimento da violência real que as mulheres enfrentam e dos efeitos sociais de gênero do medo levaram as feministas a recuar de várias maneiras. Movimentos como "Take Back the Night" [Devolva a Noite], "Paradas de Orgulho" da Índia, "Marchas das Vadias" e os protestos #Cuéntelo exemplificam campanhas de ação direta que insistem nos direitos das mulheres e outros grupos marginalizados do espaço urbano. De insistir em mudanças simples em características arquitetônicas urbanas para defender uma revisão de todo o campo do planejamento urbano, geógrafas feministas, planejadoras, ativistas antiviolência, e outros, promoveram progressos substanciais, embora incompletos, para a criação de cidades mais seguras e menos amedrontadoras.

Exemplos de mudanças no planejamento urbano incluem alterações para melhorar a iluminação, limpar paisagens obstruídas e criar rotas de tráfego bom por meio de habitações e empreendimentos cívicos. A instalação de cabines telefônicas de emergência e de botões de chamada em estacionamentos, parques e campos universitários pode dar uma sensação maior de segurança. Em algumas cidades, o uso generalizado de câmaras de circuito interno foi adotado como uma medida destinada para reduzir o crime, embora sua capacidade de reduzir o medo seja questionável.[219]

O ambiente construído pode ser difícil de ser alterado. Em cidades antigas como Barcelona, ruas estreitas, cantos escuros, paredes de pedra, linhas de visão ruins e vegetação alta criam esconderijos e uma sensação de medo intensificada. Uma cooperativa feminista de arquitetos, sociólogos e planejadores tem tentado aumentar a visibilidade e remover obstáculos em espaços públicos para aumentar o uso e aproveitamento do espaço pelas mulheres. Em Kigali, Ruanda, as mulheres que trabalham como vendedoras de rua viram sua segurança e suas condições econômicas melhorarem com a construção de minimercados seguros e permanentes que incluem espaço para amamentação.[220]

Em todo o mundo, os sistemas de transporte público são focos de assédio e de agressão para as mulheres. Em sua pesquisa com jovens e mulheres em Lima, Madri, Kampala, Déli e Sydney, a ONG Plan International descobriu que o transporte público era um "local problemático" crítico, onde as mulheres relataram toques, assédio e perseguição.[221] Embora muitos sistemas possuam botões de alarme e "áreas de espera demarcadas" nas plataformas do metrô, que incluem botões de chamadas, iluminação forte e câmaras de circuito interno, o trânsito compartilhado lotado e anônimo continua sendo um problema. Algumas cidades chegaram a determinar vagões exclusivos para mulheres. Por exemplo, Tóquio e Osaka têm linhas de trem com vagões reservados em horários específicos para mulheres, pessoas com deficiência, crianças e cuidadores. Cidade do México, Cairo e Teerã têm acomodações semelhantes. Claro, os críticos apontam que simplesmente segregar as mulheres não exige que os homens mudem de comportamento ou atitude.

A tecnologia também está sendo usada na forma de aplicativos que simplificam a denúncia de assédio no transporte público. Por exemplo, o aplicativo "Project Global Guardian", de Vancouver, permite que os passageiros enviem mensagens de texto para a polícia e oficiais de transporte público diretamente. Em Melbourne, um aplicativo de segurança está sendo desenvolvido em consulta com jovens e mulheres que usam o transporte público. Cidades como Estocolmo e Genebra proibiram a publicidade sexista e imagens objetivas de mulheres em seus sistemas de trânsito, reconhecendo os danos dos estereótipos negativos e seu papel na criação de ambientes propensos a assédios.

Essas mudanças não aconteceram naturalmente. As mulheres estavam pressionando para que as cidades levassem as preocupações de gênero, especialmente a segurança, a sério. Mas fazer com que os municípios e, especificamente, os planejadores urbanos ouçam as experiências das mulheres e de outros cidadãos vulneráveis foi uma batalha difícil. O planejamento se considera um campo de estudo e prática objetivos, racionais e científicos. É orientado para gerenciar ou encorajar o crescimento e o desenvolvimento e fornecer serviços a um "cidadão" imaginário e sem rosto. A ideia de que as diferenças sociais, como gênero, raça e sexualidade, poderiam e deveriam ser levadas em conta foi literalmente ridicularizada quando as planejadoras feministas e grupos como o Women Plan Toronto levantaram questões de gênero para a mesa de planejamento nas décadas de 1980 e 1990.[222] Frequentemente, é necessário um ato público de violência contra as mulheres para estimular as cidades a entrar em ação.

Em Déli, a horrível agressão sexual e o assassinato da estudante Jyoti Singh em um ônibus, em 2012, foram manchetes internacionais e levaram mulheres às ruas em protesto, exigindo atenção à sua segurança. Organizações de mulheres conseguiram obter algum espaço na esfera municipal de Toronto somente depois que vários ataques públicos violentos contra mulheres chamaram a atenção da cidade na década de 1980, embora a vereadora Kristyn Wong-Tam observe que as diretrizes de uma cidade mais segura não foram atualizadas desde o final dos anos 1990.[223] Na maioria dos casos, as organizações de mulheres ainda precisam resolver os problemas por conta própria para criar mudanças. Em Déli, Kalpana Viswanath criou o aplicativo SafetiPin, que coleta dados de mulheres relacionados à segurança e também permite que um amigo de confiança rastreie seus deslocamentos. O aplicativo se espalhou para muitas outras cidades e está sendo usado em coordenação com as autoridades municipais em lugares como Hanói e Bogotá.[224]

SafetiPin é como uma versão de alta tecnologia da auditoria de segurança, uma ferramenta criada pelo Comitê de Ação da Região Metropolitana de Toronto sobre Violência contra Mulheres e Crianças (METRAC) em um esforço para descobrir novas maneiras de fazer planejadores e burocratas ouvirem as experiências das mulheres. De forma crítica, a auditoria de segurança insiste que são as pessoas que vivem, trabalham, estudam e brincam nesses espaços que são os especialistas em segurança e perigo. Os membros da comunidade fazem "caminhadas", coletando informações sobre fatores como iluminação e campos de visão. Eles também registram elementos experienciais, incluindo como, onde e por que sentimentos de perigo podem surgir. As auditorias de segurança são usadas em cidades ao redor do mundo agora, com o objetivo de capacitar os membros da comunidade a gerar recomendações específicas para mudanças.[225]

Até onde essas mudanças no ambiente construído e novas intervenções tecnológicas podem nos levar? A escola de pensamento da "prevenção do crime por meio do desenho ambiental", ou CPTED, sugere que, uma vez que muitos crimes são de natureza oportunista, reduzir as oportunidades é crítico. A abordagem CPTED de Oscar Newman é bem conhecida pelo seu conceito de "espaço defensável", a ideia de que características físicas como a arquitetura do edifício e o layout do local permitirão que os residentes sejam ativos na prevenção do crime, dando-lhes uma sensação de controle e territorialidade.[226] Esses tipos de abordagem pressupõe um vínculo estreito entre o ambiente físico e o comportamento humano e uma certa previsibilidade no comportamento criminoso que pode ser reduzida por mudanças no planejamento. Se o planejamento, no entanto, fosse a resposta, certamente já teríamos planejado o crime?

Infelizmente, o CPTED depende de uma compreensão bastante mecanicista do espaço e do medo, assumindo que o medo seguirá uma trajetória racional e diminuirá quando forem feitas melhorias em termos de segurança. O medo, no entanto, é muito mais complexo e as emoções das pessoas em geral não respondem de maneira previsível. Talvez o mais importante, as críticas feministas desta abordagem destacaram o fato de que "é impossível falar sobre reações à ameaça de crime em ambientes específicos sem levar em consideração as relações sociais e políticas que estruturam tanto o ambiente físico quanto a vida diária das pessoas envolvidas".[227] Em outras palavras, não podemos separar o mundo social do ambiente construído.

Essa complexidade parece estimulante para o planejador urbanos. O trabalho qualitativo feminista sobre o medo das mulheres nas cidades revela o que parecem afirmações contraditórias e intransponíveis: as mulheres têm medo em espaços fechados e abertos; em lugares ocupados e vazios; no trânsito e a pé; isolada sob uma luz forte ou oculta na escuridão.[228] O que um criminologista ou planejador urbano deve fazer? Whitzman relembra as rejeições que recebeu de planejadores urbanos ao apresentar sua pesquisa sobre o medo das mulheres em espaços verdes urbanos: "O que você quer fazer? Pavimentar os parques?".[229] E a pesquisa das geógrafas feministas Hille Koskela e Rachel Pain revelou que os planejadores ficaram perdidos, uma vez que suas tentativas de alargar calçadas e melhorar a iluminação falharam em aumentar significativamente a sensação de segurança: "O que falta tentar?".[230]

Quando ensino este material, em geral, é nesse ponto que meus alunos de geografia se sentem realmente desanimados ou irritados. Eles estavam tão esperançosos pensando em soluções ambientais e de planejamento. E então percebem que nenhuma iluminação abolirá o patriarcado. "Então, quais são as respostas?" Eles ficam amuados, frustrados, porque os autores que lemos muitas vezes ficam igualmente desanimados com as descobertas em suas pesquisas. É verdade: não existem soluções diretas. Qualquer tentativa de melhorar a segurança urbana deve lidar com elementos sociais, culturais e econômicos, bem como com a forma do ambiente construído.

O fracasso em imaginar diferentes tipos de intervenção demonstra a desconexão entre o que as pesquisas sobre o medo de crimes revelam e a realidade cotidiana das mulheres. As pesquisas tendem a lidar com um conceito simplificado e restrito de "medo de crimes" e supõem implícita ou explicitamente o crime que ocorre em espaços públicos. Como sabemos, porém, o medo das mulheres de crimes é informado por um conjunto muito mais amplo e profundo de medos e experiências, desde o assédio na rua, abuso na infância, violência doméstica, socialização, mídia e a natureza específica dos crimes sexuais que estão imbuídos de seus próprios horrores. O medo também é contornado por diferenças de idade, raça, classe, sexualidade, identidade de gênero e habilidade. Assim, embora as feministas certamente tenham feito campanha por mudanças no ambiente construído, elas nunca perderam de vista o fato de que a falta de segurança das mulheres existe dentro de uma rede entrelaçada de dominação que facilita o controle social das mulheres e de outros grupos menos poderosos na cidade. Nessas condições, o medo nunca pode simplesmente ser "eliminado".

MULHERES CORAJOSAS

É difícil superestimar o efeito do medo diário. Mesmo quando o medo não está ativamente presente, o fardo de um conjunto de precauções rotinizadas está sempre lá, embora estejam tão incorporadas que mal percebemos que as praticamos. O que é incrível, e normalmente esquecido, é o fato de que as mulheres desafiam constantemente seus medos e agem de maneira corajosa, empoderada e libertadora nas cidades.

As mulheres ainda correm pelo Central Park. As mulheres andam de ônibus à noite. As mulheres voltam para casa sozinhas às três da manhã, depois que o bar fecha. As mulheres abrem as janelas nas noites quentes de verão. No entanto, acredita-se que o medo das mulheres esteja tão arraigado (mesmo que alguns o chamem de irracional) que discussões sobre coragem, sabedoria e bom senso são raras e facilmente descartadas como falsas exibições externas de bravata. Além disso, as mulheres acham incrivelmente difícil reconhecer sua própria bravura e discernimento.

Hille Koskela escreve sobre o que ela chama de "ousadia feminina e desafio", perguntando "o que se pode ganhar analisando a coragem das mulheres e sua capacidade de se apossar do espaço?"[231]. A pesquisa de Koskela em Helsinque demonstrou que as mulheres podem agir com ousadia e até sem medo, entretanto, mesmo mulheres destemidas frequentemente têm uma voz lá no fundo que diz: "Talvez você devesse sentir medo neste momento", mesmo quando não haja sinais de perigo ou ameaça.

Koskela observa outro fenômeno fascinante: mesmo quando as decisões das mulheres de agir corajosamente funcionam bem (ou seja, nada acontece de mal a elas), elas não interpretam esses momentos como sinal de que fizeram escolhas bem fundamentadas e racionais com base em sua experiência, dados disponíveis e seu próprio instinto. Em vez disso, elas reinterpretam a situação em que fizeram algo "estúpido", mas "conseguiram escapar ilesas".

Uau! Sua observação me pegou. Fiquei impressionada com a precisão simples e as implicações de como a sociedade vê as escolhas das mulheres e entendemos nossa própria capacidade, intelecto e instinto. Cada história que conto de uma aventura urbana – passar a noite toda com minha amiga na cidade, pegar carona para casa durante o grande apagão de 2004 – termina com algo como: "Que estupidez! Tenho sorte de não estar morta em uma vala!". Quando eu estava entrevistando mulheres para minha tese de mestrado, elas me contaram histórias de "se apossar" do espaço urbano, apenas para considerar suas qualidades como "sorte", meneando a cabeça, sem acreditar nos riscos que correram.

E se reformulássemos essas experiências como momentos em que processássemos corretamente todas as informações disponíveis e fizéssemos uma escolha sábia e calculada? As mulheres sabem como usar seus instintos que aprimoramos ao viver em um clima hostil e patriarcal, bem como as habilidades de processamento racional e emocional ultrassensível. Ter que navegar em um mundo dominado por homens cultiva essas habilidades. Pensar dessa maneira muda completamente as coisas. Na maioria das vezes, as mulheres não andam por aí com sorte. Andamos por aí sendo inteligentes, ousadas, experientes e sábias. Se rejeitarmos as alegações de bravura das mulheres, rapidamente corremos o risco de negar a capacidade das mulheres de se conhecerem. Essa não é uma visão feminista sobre o assunto.

Isso não quer dizer que qualquer pessoa que experimente violência ou dano tenha "feito escolhas erradas". De modo algum. Apenas os perpetradores são responsáveis pelos danos que causam. E as mulheres são ensinadas a ignorar seu instinto, seu coração e sua mente em tantas ocasiões. Somos ensinadas a ser boas e não provocar conflitos. E muitas vezes acreditamos que agir bem nos protegerá de ameaças, porque vimos como o abuso aumenta quando as mulheres dizem não, ignoram os homens, ou saem de uma situação desconfortável. É uma luta interna entre nossos próprios instintos, conhecimento, condicionamento social, medo de ficar assustada (por exemplo, "paranoica") e nossas lembranças muito comuns de violência anterior. Com tantas mensagens conflitantes, é difícil confiar em nós mesmos, mesmo quando fazemos boas decisões.

Também não estou sugerindo que a solução para o medo de crimes seja as mulheres aprimorarem seus instintos. Isso faria pouco para reduzir a maior ameaça que as mulheres enfrentam: a violência de homens que elas conhecem em casa, na escola e no local de trabalho. E, de fato, este continua sendo um grande obstáculo para qualquer pessoa que esteja pensando em aprimorar a segurança das mulheres. Intervenções públicas e de planejamento raramente abordam a violência privada. A separação existente entre público e privado também significa que esses problemas tendem a ser tratados de forma independente, sem pensar muito em como o público e o privado (categorias sociais e espaciais muito simplificadas) se influenciam.[232] Geógrafas feministas fizeram algumas intervenções importantes aqui, mas a escala e a complexidade da violência contra as mulheres são desafiadoras. No entanto, escala e complexidade não são desculpas para se desistir de enfrentar um problema. O que está claro é que quaisquer intervenções que produzamos devem considerar o espacial e o social, o público e o privado e, acima de tudo, devem ser interseccionais.

INTERSECCIONALIDADE E VIOLÊNCIA

Embora a violência de gênero possa ser um denominador comum, outros marcadores de localização social sempre moldam os tipos específicos de violência, assédio e perigo que as mulheres enfrentam. E esses não são separáveis. Uma mulher que teve seu *hijab* roubado não pode ser solicitada a escolher se foi violência sexista ou islamofóbica. A escala massiva e a longevidade histórica da violência contra as mulheres indígenas não se reduz a apenas racismo, colonialismo ou sexismo. Como as mulheres indígenas há muito argumentam, a violência de gênero é uma ferramenta-chave do do colonizador, que continua a ser exercida tanto pelo estado quanto pelos indivíduos dentro do país.[233]

Os horrores da detenção de crianças imigrantes conseguiram chamar nossa atenção no final de 2018 e em 2019, mostrando como o estado aterroriza aqueles sem status formal de imigração para dissuadir as pessoas, especialmente mulheres, de buscar asilo. Mulheres com deficiência enfrentam alguns dos níveis mais altos de abuso físico e sexual em todos os lugares. E mulheres trans negras, especialmente aquelas que podem estar envolvidas em trabalho sexual, são assassinadas em um índice surpreendente. Em todos esses exemplos, gênero e identidade de gênero são salientes, mas a violência de gênero se interliga com outras formas de violência em todas as situações.

Na cidade, a violência pública e o medo do crime são frequentemente tratados como problemas de uma única questão, por exemplo, como "problemas das mulheres". Isso cria formas limitadas de intervenção, algumas das quais estão fadadas ao fracasso, porque não levam em consideração as múltiplas localizações sociais das mulheres. Os esforços para aumentar o policiamento, adicionar iluminação e instalar câmaras de circuito interno provavelmente tornarão as ruas mais perigosas para as profissionais de sexo, que não apenas correm o risco de prisão e violência da polícia, mas também são levadas para lugares menos seguros para trabalhar. Mulheres sem status formal de imigração ou que não falam bem o idioma local podem não se sentir confortáveis acessando serviços ou espaços projetados para tornar as mulheres mais seguras.[234] Até pedir para ser liberada do ônibus entre as paradas pode ser um grande obstáculo. E a falta generalizada de espaços fisicamente acessíveis para pessoas com deficiência significa que as mulheres deficientes são altamente limitadas nas suas escolhas em relação à segurança. Portanto, quaisquer políticas, práticas e alterações de planejamento destinadas a aumentar a segurança devem examinar cuidadosamente como os diferentes membros da sociedade serão afetados. Pode ser impossível encontrar uma única solução para todos, mas ainda temos que adotar uma abordagem interseccional toda vez que seja possível. Também é verdade que depender das cidades para proteger as mulheres não funcionou muito bem. Estou pensando na prática perturbadoramente difundida de alterar as estatísticas policiais para fazer com que os crimes contra as mulheres, especialmente as agressões sexuais, desapareçam. Na década de 1990, descobriu-se que a força policial da Filadélfia vinha manipulando dados criminais para fazer a cidade – especialmente o centro da cidade que se sofisticou rapidamente – parecer mais segura do que realmente era. A pesquisa do geógrafo Alec Brownlow sobre esse caso demonstrou que, durante décadas, a polícia deliberadamente deturpou as denúncias de violência sexual, especialmente estupro, categorizando essas denúncias como "infundadas", ou, simplesmente, "investigação pessoal".[235] Até um terço dos crimes foram codificados incorretamente. Conectando gentrificação e violência de gênero, Winifred Curran observa que, ao tornar o estupro invisível, a Filadélfia poderia se anunciar como uma das melhores e mais seguras cidades para jovens profissionais solteiros, incluindo as mulheres.[236]

Em 2017, a repórter canadense Robyn Doolittle expôs o uso chocantemente comum do rótulo "infundado" pelas forças policiais em todo o país, gerando análises dessa prática em quase todas as jurisdições. Cerca de 37.000 casos foram reabertos (Doolittle 2017b).[237] O trabalho de Doolittle revelou a prevalência de mitos de estupro entre detetives que pareciam ter pouca compreensão do trauma, culpabilização das vítimas e a dinâmica do estupro por alguém conhecido. Também ilustrou que, embora a falta de relatórios mantenha a violência contra as mulheres oculta, o relato da violência pode fazer pouco para ajudar a mudar a situação. A verdadeira extensão da violência de gênero permanece desconhecida, em parte porque nossas instituições tender a minimizar esses crimes.

As histórias descobertas por Brownlow e Doolittle fazem minha pressão arterial disparar sempre que penso nelas. Tive que parar de digitar e lavar um monte de roupa só para me acalmar o suficiente para compartilhar suas descobertas. As investigações "infundadas" são um doloroso lembrete de que as cidades raramente se dedicam a se tornarem realmente mais seguras para as mulheres. Em vez disso, a aparência de segurança substitui o objetivo final.

Fazer as cidades parecerem seguras para as mulheres também tende a torná-las menos seguras para outros grupos marginalizados. Os esforços para "limpar" áreas centrais e "revitalizar" distritos residenciais e de varejo são normalmente realizados por meio de uma combinação de medidas estéticas (projetos de remodelação) e a remoção ativa de grupos que foram marcados como símbolos de desordem, perigo, crime, ou doença. Historicamente, comunidades inteiras de pessoas de cor, especialmente negros, foram arrasadas em nome da renovação urbana, incluindo Halifax's Africville e Vancouver's Hogan's Alley. Hoje, as práticas menos abertas envolvem o direcionamento de moradores de rua e de profissionais de sexo por meio da criminalização. Os jovens, principalmente os negros, sofrem por práticas de abuso de poder por parte da polícia e são presos em grande número. Espaços que atendem comunidades carentes e de novos imigrantes são fechados, removidos ou têm poucos recursos para tirar os pobres, a classe trabalhadora e os racializados para fora dessas "áreas em recuperação".

A prontidão de homens e mulheres brancos em chamar a polícia por causa de pessoas negras torna-os agentes eficazes desse policiamento. O que veio a ser chamado de "feminismo carcerário" é parcialmente o culpado: uma versão do trabalho antiviolência que exige punições severas, e depende da polícia e do sistema de justiça criminal para resolver a violência baseada em gênero.[238] Em seu livro *Arrested Justice: Black Women, Violence, and America's Prison Nation* [*Justiça carcerária: Mulheres negras, violência e nação prisional da América*],[239] a professora de Estudos

Afro-Americanos, Beth Richie, observa que, embora algumas mulheres tenham visto sua segurança melhorar nas últimas décadas, as mulheres com menos poder estão "correndo tanto perigo como nunca antes, precisamente por causa da direção ideológica e estratégica que o movimento antiviolência tomou durante a construção da nação prisional da América". Em um contexto onde o sistema de justiça criminal é profundamente racista e classista, uma abordagem carcerária só pode servir para aprofundar as desigualdades e continuamente estigmatizar e visar abertamente as famílias de negros e indígenas e pessoas de cor. O feminismo carcerário participa involuntariamente de um sistema onde a polícia e as cidades estão fazendo muito pouco para melhorar a segurança das mulheres, mas podem usar a segurança das mulheres como uma justificativa para políticas e práticas que visam outros grupos vulneráveis e os tornam mais suscetíveis à violência estatal e nas ruas.

Em minha pesquisa sobre gênero e desenvolvimento de condomínio em Toronto, descobri que incorporadores e agentes imobiliários comercializavam com entusiasmo condomínios para mulheres com a ideia de que a equipe de portaria e segurança 24 horas, bem como recursos técnicos, como fechaduras com impressão de mãos, câmaras de circuito interno e sistemas de alarme tornavam os condomínios a opção mais segura para as mulheres que moravam no centro da cidade.[240] Essas características foram muito elogiadas quando os condomínios estavam chegando a bairros "emergentes" que haviam sido anteriormente estigmatizados ou vistos como áreas industriais abandonadas. Argumentei, então, que, ao tornar os condomínios "seguros" para as mulheres, os incorporadores estavam abrindo caminho para a expansão em bairros que, de outra forma, poderiam ser investimentos imobiliários arriscados. Essa expansão certamente não tornaria a vida mais segura para as mulheres que seriam deslocadas por essa forma de gentrificação. Nem aborda a violência doméstica de forma alguma. Além disso, pedir às mulheres que "comprem" sua segurança por meio da propriedade de um condomínio contribui para a tendência de privatização, em que as pessoas são responsabilizadas por seu próprio bem-estar, até mesmo por sua proteção contra o crime. Tornar a segurança uma mercadoria privada na cidade significa que ela se torna cada vez menos disponível para aqueles que não têm meios econômicos para se proteger. Este é certamente um longo caminho desde uma visão feminista interseccional de uma cidade mais segura para as mulheres.

Podemos não saber exatamente como é uma cidade segura, mas sabemos que não envolve medidas de segurança privadas. Não vai depender da polícia para prevenir ou investigar crimes de forma adequada. Não colocará em risco profissionais de sexo, pessoas de cor, jovens ou imigrantes para criar uma aparência de segurança. Não será centrado nas necessidades e desejos das mulheres brancas privilegiadas. E não vai esperar mudanças físicas para desfazer o domínio patriarcal.

No mínimo, será necessária uma abordagem interseccional que comece a partir das necessidades e perspectivas dos mais vulneráveis. Ouvir e acreditar nas mulheres será uma prática padrão. A compreensão das interconexões entre a violência privada e pública aumentará. Os mitos e a cultura do estupro serão desmantelados. O medo não será uma tática de controle social. Em uma cidade feminista segura, as mulheres não precisam ser corajosas apenas para sair de casa. Nossas energias não serão desperdiçadas em um milhão de prevenções de segurança. Nesta cidade, toda a extensão do que as mulheres tem para oferecer ao mundo pode ser percebida.

CIDADE DE POSSIBILIDADES

Minhas primeiras lembranças de cidades, como Toronto, Londres e Nova York, são impressionistas, muitas vezes nostálgicas, com lembranças fugazes de sons, cheiros, ambientes e sensações físicas. Conforme fui crescendo, esses sentimentos me levaram à universidade na maior cidade do Canadá, a me mudar para Londres e ganhar a vida estudando cidades. Quando volto à cidade hoje, algo em meu corpo muda e uma espécie de memória muscular urbana assume. Saio de um metrô e emerjo em uma rua movimentada da cidade e minha postura muda, meu passo se altera, minha expressão facial se modifica. Dez anos de vida em uma cidade pequena significam que provavelmente faço um pouco mais de contato visual com estranhos do que antes, mas meu corpo ainda sabe como se movimentar pela cidade.

Comecei a escrever sobre a cidade feminista por meio das questões geradas pelas experiências físicas das mulheres na vida urbana. A "geografia mais próxima" é um material sólido a partir do qual questionamos tudo o que consideramos como natural nas cidades. E considerando que os modos como as mulheres são vistas como problemas para as cidades giram em torno dos nossos corpos – muito gordas, muito férteis, muito sexuais, muito bagunçadas, muito vulneráveis – devemos continuar retornando ao corpo para nos ajudar a encontrar alternativas. Ativistas urbanas feministas e acadêmicas prestam atenção ao corpo com uma compreensão cuidadosa de que o corpo é um local onde as relações de poder e de políticas urbanas de gênero, classe, raça e sexualização acontecem.[241] Embora as minhas experiências físicas não sejam universais, eu sei que elas ressoam, porque as mulheres falam e escrevem e por vezes gritam sobre essas questões desde que a vida urbana se tornou uma preocupação social urgente.

A cidade para as mulheres pode ser um verdadeiro campo minado, mas, como Rebecca Traister escreve, também pode ser um "amor verdadeiro", fornecendo às mulheres todo o apoio que o casamento tradicional deveria oferecer e muito mais liberdade.[242] Olhando para minha filha hoje, fico feliz com a confiança e a alegria que ela demonstra na cidade. Ela se mudou para Montreal aos dezoito anos, uma cidade que ela mal conhecia. No telefone, ela está feliz com seu novo passe de metrô: "Adoro poder ir a qualquer lugar!" Quando a visito, ela anda com a velocidade e a intensidade de uma pessoa nascida e criada na cidade, rápida demais até para mim. Quero que ela seja corajosa e impetuosa, quero que ela ocupe seu espaço aqui. Não deixo minha mente vagar com muita frequência pelos cenários terríveis que todos os pais ocasionalmente evocam. E eu certamente não a sobrecarrego com meus medos, embora tenhamos tido muitas conversas francas sobre segurança, intervenções de espectadores e cultura de estupro, tópicos que ela compreende muito melhor do que eu aos dezoito anos. Eu me pergunto sobre o que ela não me contou. Minhas próprias experiências sugerem que já sei as respostas para essas perguntas não formuladas. Mas não quero que nada disso a impeça de amar a vida que ela tem na cidade.

No entanto, ela está aprendendo que ser uma mulher sozinha na cidade significa aprender um conjunto de hábitos físicos, principalmente de forma inconsciente. Com o tempo e por meio da repetição (ou iteração, como diria Judith Butler[243]), os hábitos se condensam e moldam o corpo. Sua postura, andar, expressões faciais, movimentos, gestos, contato visual, postura, tensão muscular e muito mais são moldados por circular no ambiente urbano – a cidade dos homens – e pelas relações sociais que giram dentro dele. Seu corpo "mantém o placar" de momentos de medo, assédio, violência e contato indesejado.[244] Apega-se à sensação de choque, recuo, nojo e raiva que acompanham o toque deliberado e não solicitado. Os momentos em que os impulsos de luta ou fuga surgem deixam marcas nítidas. O desconforto visceral de comentários sexuais e objetivantes e a vergonha e a raiva impotente que os acompanham são mantidos logo abaixo da superfície da pele. Às vezes, estão tão próximos da superfície que reações como xingamentos e gestos rudes se transformam em reflexos automáticos. Quando me mudei para uma cidade pequena, tive que lutar contra esse reflexo quando ouvi uma buzina ou um grito para evitar irritar colegas e vizinhos queridos e desavisados. Mas décadas de vida na cidade ensinaram o meu corpo a não confiar no espaço público.

Odeio ter sido socializada para reagir dessa forma. Não porque eu imagine uma cidade onde estranhos estejam livremente em contato físico e mantenham outras formas de contato entre eles. Mas essa desconfiança se espalha em outros aspectos da vida da cidade e em formas menos "delicadas" de contato urbano. O desejo de manter uma bolha segura ao meu redor, de exercer tanto controle quanto possível sobre meu espaço pessoal, pode significar que estou menos aberta a outros tipos de experiências, relacionamentos e encontros. Essa sensação de fechamento é moldada por ideias classificadas, racializadas e sexualizadas sobre limpeza, doença, contágio e questões sobre quem é digno de interação. Vou estender a mão para oferecer dinheiro ou comida a alguém que vive sem teto? Oferecer ajuda a alguém que parece indisposto ou ferido? Trabalhar como voluntária em organizações que auxiliam profissionais do sexo ou pessoas com HIV/AIDS? Aliada a pessoas trans? Enviar meu filho para uma escola em um bairro com diversidade racial? Participar de aulas de ioga para pessoas de todos os tipos e habilidades corporais? Participar de uma reunião informal ou de uma dança de roda?

Não estou sugerindo que o medo de gênero leva diretamente ao medo de todos os tipos de encontros sem diferenças, ou que justifica qualquer tipo de intolerância. Mas isso não ajuda a quebrar as barreiras. Quando se experimenta medo ou trauma, quando estranhos tentam fazer exigências sobre seu espaço pessoal e seu corpo físico, você se retrai um pouco. Você não se sente tão livre para buscar diferentes tipos de contato, para se abrir para experimentar novos ambientes, ou para oferecer uma parte de si mesma ao mundo. Você pode desejar secretamente ou não certo SUV para protegê-la de ter que entrar em contato com os outros.[245] Pode parecer natural querer morar em um condomínio com segurança 24 horas. Pode ser mais confortável escolher um bairro onde as pessoas se pareçam, falem e ajam como você. É claro que as mulheres precisam desafiar esses impulsos. Precisamos reconhecer que o controle social das mulheres por meio da socialização pelo medo faz parte de um sistema que busca impor outras formas de exclusão, segregação e medo da diferença. Mas quebrar esses sistemas será ainda mais difícil em uma cidade onde as mulheres vivenciam assédio, objetificação, limitações e violência real.

Embora eu não tenha ilusões de que os espaços públicos urbanos do passado eram consistentemente encantadores para mulheres, gays, negros e indígenas ou pessoas de cor, as últimas décadas trouxeram mudanças palpáveis, mas não positivas, nas possibilidades de encontros espontâneos e não ameaçadores através da diferença. O escritor de ficção científica Samuel R. Delany escreve sobre a transformação da Times Square nas décadas de 1980 e 1990 de um local de contato estranho, "licencioso e barulhento", para um espaço de consumo tipo Disney, limpo e seguro para as classes médias e turistas.[246] Evitando a nostalgia, Delany, no entanto, busca narrar suas memórias da vida nas ruas, de vigaristas locais, cinemas pornôs e a vibração geral de uma área que foi provavelmente a primeira a passar por uma metamorfose completa sob a campanha de "limpeza" tolerância-zero do prefeito Rudy Giuliani na década de 1990. Delany relembra, não apenas os espaços de contato sexual gay masculino ao longo da Rua 42, mas também a comunidade racialmente diversa, a vida vibrante das ruas e locais baratos para comer, beber e de entretenimento.

A geógrafa e cineasta feminista Brett Story descreve adequadamente as memórias de Delany como "um tratado sobre o contato com estranhos à margem dos 'valores familiares' e do turismo de espetáculo".[247] Em sua própria escrita, Story defende que o "contato marginal" nas cidades é uma forma de transgressão contra as forças do capitalismo que a polícia contata através da diferença. Esse contato pode ser transformador das relações sociais na cidade. Mas na "cidade que é uma capital... a cidade que não pertence a ninguém",[248] onde espaços insossos e neutros, uma sensação de perigo constante e supervigilância e superpolicial dominam, tipos comuns de contato são cada vez mais improváveis e cheios de ansiedade.

Nesse contexto, marcadores incorporados de diferença servem como sinais de alerta para as cidades, incentivando o redesenvolvimento, a gentrificação e o hiper policiamento. Ao mudar de vizinhança, as maneiras como os corpos habitam e se movem no espaço nos dizem muito sobre a quem ela pertence. Hábitos sutis de postura, de fazer contato visual (ou não), o andar, o tom de voz, a forma de comer e muito mais significam os marcadores culturais e sociais de pertencimento e exclusão.[249] Por exemplo, o corpo da mãe que pratica ioga ou o hipster barbudo passou a significar gentrificação.²⁵⁰ Corpos que não se conformam devido à idade, doença, deficiência, racialização, classe, sexualidade, vício, etc., são marcados como "deslocados" e são alvos de deslocamento.

Essa dinâmica é incrivelmente comum em áreas de gentrificação e facilitada por novas tecnologias. Aplicativos de redes sociais privadas como o "Next-door" permitem que os vizinhos denunciem quem pareça suspeito e direcionem as pessoas e empresas para tudo, desde o cheiro da comida ao tipo de música que ouvem. Não surpreendentemente, são os gentrificadores brancos que estão delatando seus vizinhos de cor e moradores de longa data e empresas por meio dessas novas tecnologias. Investigando o tiro fatal de Alex Nieto no bairro de Bernal Heights, em San Francisco, depois que pessoas brancas passeando com seus cachorros o denunciaram como suspeito (ele estava comendo um burrito em um banco no parque antes do trabalho), Rebecca Solnit escreve que pessoas de cor são vistas como "ameaças e intrusos em seu próprio bairro", enfrentando despejos, violência policial e, talvez, até a morte.²⁵¹

A política introjetada de deslocamento, perigo e morte me lembra de que há muito com o que me preocupar ao tentar trazer uma perspectiva feminista para questões de contato, transformação e diferentes futuros urbanos. É tentador dizer que nada disso é possível sem primeiro garantir a segurança das mulheres nas cidades. No entanto, os meios para esse fim na era do urbanismo neoliberal, como vigilância estatal e corporativa intensificada, policiamento militarizado e privatização do espaço público, têm a mesma probabilidade de diminuir a segurança de terceiros. Da mesma forma, essas medidas pouco ou nada fazem para enfrentar a maior ameaça à segurança das mulheres, ou seja, a violência em espaços privados.

É também tentador confiar em medidas de igualdade econômica como soluções. Certamente, moradia acessível, salários dignos, creche gratuita e assistência médica e educação acessíveis são ingredientes essenciais para a maioria das visões urbanas feministas. Mas muitos estudos e ativismo marxistas e "críticos" colocam gênero, raça, sexualidade e deficiência nas margens da luta, com a suposição errônea de que, uma vez que o lado econômico esteja resolvido, todo o resto se resolverá por si só.[252] Mas fracassa ao pensar sobre o trabalho de cuidadoras e a reprodução social, sem mencionar a violência de gênero, significa que confiar demais em soluções econômicas provavelmente não será tão transformador quanto esperamos.

Essas visões econômicas raramente lidam com o colonialismo ou com as possibilidades de descolonização da cidade. Em estados coloniais como o Canadá, os EUA ou a Austrália, já passou da hora de todas as decisões de planejamento urbano sobre o espaço envolverem os povos indígenas. Embora a descolonização em grande escala possa estar muito longe, as transferências de terras urbanas e as reservas urbanas são métodos pelos quais o controle indígena dos espaços urbanos colonizados pode ser reconquistado.[253] A compreensão profunda do nexo da misoginia e da violência estrutural dos colonizadores é crucial para o avanço de qualquer tentativa de reconciliação urbana.

Olhar para o passado também é uma opção limitada. Embora alguns urbanistas pareçam nostálgicos de um tempo antes dos smartphones, quando a vida nas ruas era mais sociável e os encontros casuais descritos por Delany eram mais prováveis, a realidade é que essa cena descrita por Jane Jacobs escondeu uma ampla gama de exclusões de raça, classe, habilidade e sexualidade. James Baldwin escreveu sobre os mesmos bairros que Jacobs, enquanto um negro homossexual era normalmente assediado pela polícia e visto como um estranho perigoso, em vez de parte da deliciosa diversidade da própria versão de Greenwich Village de Jacobs.[254] Embora eu ache que podemos aprender algumas lições valiosas observando como eram os bairros antes da gentrificação ou da renovação urbana, precisamos deixar de lado os óculos cor-de-rosa e perceber quem está faltando nessa imagem de vida urbana idealizada.

Por onde começar? Por um lado, as faces do planejamento urbano, da política e da arquitetura precisam mudar. Uma gama mais ampla de experiências vividas precisa ser representada entre os tomadores de decisão que têm enormes efeitos sobre o cotidiano das pessoas. Uma análise interseccional deve ser uma abordagem comum para decisões tanto grandes quanto pequenas: onde colocar uma nova escola primária, a distância entre os pontos de ônibus, se pequenos negócios podem ser operados fora de casa, etc. Em cidades do Hemisfério Sul, ONGs estrangeiras e as autoridades locais precisam ampliar as vozes das mulheres que melhor sabem que mudanças irão melhorar suas vidas. Os interesses dos povos indígenas precisam estar representados. O planejamento para melhorar a segurança das mulheres não pode reproduzir modelos prisionais que visam pessoas pobres e negras.

Quero insistir em dizer que as visões feministas da cidade sempre estiveram presentes. Algumas nunca foram totalmente realizadas e algumas estão no passado, mas existem exemplos de práticas e ideais que estão sendo vividos agora, debaixo de nossos narizes. O que pode existir como bolsões de resistência, ou simplesmente formas alternativas de organizar os cuidados, o trabalho, a alimentação e muito mais são locais de possibilidades para uma visão mais ampla e transformadora. Sites como o Café Send Flere Krydderier (Enviem Mais Especiarias) de Copenhagen no Verdenskulturcentret (Centro de Culturas do Mundo), onde as imigrantes fazem comidas para vender, compartilham suas histórias por meio de arte e se conectam à comunidade. Minha amiga e colega Heather McLean escreve sobre Kinning Park Complex em Glasgow, uma organização comunitária em um bairro de classe trabalhadora racializada onde a solidariedade entre os imigrantes recém-chegados e vizinhos da classe trabalhadora resulta em refeições comunitárias, concertos em cafés e performances vibrantes.[255] Em Junction, meu antigo bairro de Toronto, os acadêmicos-artistas-ativistas Kim Jackson e Nancy Viva Davis Halifax atuam no *Monday Night Art Group* [Grupo de Arte das Segunda à Noite] no *Evangeline Women's Shelter* [Abrigo de Mulheres Evangeline]. Visitando o grupo por algumas semanas em um verão, eu vivenciei como Kim, Nancy e todas as mulheres que participam criam algo diferente, nas palavras do coletivo, "as condições neoliberais de pobreza" que moldam a experiência do abrigo:

> MAG [*Monday Night Art Group*] é um espaço onde as mulheres trabalham em seus próprios projetos, desenvolvem habilidades, fazem brindes ou itens práticos, compartilham e produzem conhecimentos e convivem entre elas, ou seja, MAG é um espaço econômico informal de afetividade, conhecimento, informativo, solidário, de recursos e trocas recompensadoras. O MAG é também um espaço performático onde ultrapassamos os limites da vizinhança, das artes sociais, do diálogo e da resistência.[256]

Em um cenário mais amplo, as mulheres estão liderando alguns dos movimentos sociais mais transformadores de nosso tempo, aqueles que estão mudando os tipos de conversa que podemos ter sobre o futuro das cidades e da vida urbana. *Black Lives Matter* desafia tudo o que pensamos acreditar sobre policiamento, segurança, crime e perigo e suas conexões com questões profundamente de gênero, como habitação social, gentrificação, governo local e muito mais. *Idle No More*, um movimento ambientalista liderado por mulheres indígenas, reuniu com sucesso aliados indígenas e não indígenas em protestos e eventos de danças de roda em cidades no Canadá, abrindo novos canais para entendimentos mais amplos de como as questões ambientais devem ser um local de solidariedade generalizada.

A Campanha Luta por US$ 15, um movimento liderado por mulheres para estabelecer salários dignos para trabalhadoras mal pagas em cidades ao redor do mundo, começou quando elas abandonaram seus empregos na cidade de Nova York em 2012. Descrevendo-se como "trabalhadoras de fast-food, cuidadoras domiciliares, professoras de creche, funcionárias de aeroporto, professoras adjuntos, funcionárias de varejo e trabalhadoras mal pagos em todos os lugares", este movimento apoia uma força de trabalho altamente feminizada e racializada, cujos baixos salários, condições precárias e longas horas de trabalho (incluindo assédio sexual constante) afetam profundamente as vidas das mulheres e suas famílias em todos os lugares.[257] No Reino Unido, as mulheres da campanha Focus E15, ou as "mães E15" como eram conhecidas, recusaram-se a desocupar suas moradias sociais quando o prefeitura de Londres decidiu demoli-las. Elas foram informadas de que teriam que morar em outras cidades. Protestando contra um "processo de limpeza social em toda a cidade, com pessoas de baixa renda sendo forçadas a ir para a periferia de Londres e por causa dos aluguéis elevados, dos cortes nos benefícios e a falta de moradias sociais", sua campanha se espalhou a partir de 2013.[258] Em um contexto onde a maioria das inquilinas de moradias sociais são mulheres, no Reino Unido e em outros lugares, esse grupo tem trabalhado para aumentar a conscientização sobre de que forma a remodelação maciça de moradia social em moradias comerciais gentrificadas afeta as mulheres.

Esses movimentos e muitos, muitos outros já estão encenando visões da cidade feminista. Essas visões nos levam a pensar sobre novas formas de organizar o trabalho remunerado, o trabalho de cuidadoras e a reprodução social. É importante ressaltar que elas não contam com a família nuclear heterossexual como base padrão para organizar essas relações. Elas não dependem da família ou dos homens como fontes de proteção econômica e física para as mulheres, embora reconheçam a importância de permitir que as pessoas criem e alimentem suas próprias estruturas de parentesco. Elas reconhecem a autonomia das mulheres, mas também nossa conexão, com nossos amigos, nossas comunidades, nossos movimentos. Elas pedem a solidariedade de todos que querem se sentir seguros em suas casas, nas ruas, nos banheiros, no trabalho e na escola. Elas reconhecem as interseções das preocupações de gênero com vários outros sistemas de privilégio e opressão, recusando um feminismo onde elevar o status de mulheres brancas privilegiadas é o indicador de sucesso.

A cidade feminista não precisa de um projeto para torná-la real. Não quero que uma super planejadora feminista destrua tudo e comece de novo. Mas assim que começarmos a ver como a cidade é configurada para sustentar uma forma específica de organizar a sociedade – por gênero, raça, sexualidade e muito mais – podemos começar a procurar novas possibilidades. Existem diferentes formas de usar os espaços urbanos de que dispomos. Existem inúmeras opções para a criação de espaços alternativos. Existem pequenas cidades feministas surgindo em bairros em todo lugar, se pudermos aprender a reconhecê-las e a alimentá-las. A cidade feminista é um projeto aspiracional, sem um plano "mestre" que, de fato, resiste à tentação do domínio. A cidade feminista é uma experiência contínua de viver de maneira diferente, viver melhor e com mais justiça em um mundo urbano.

NOTAS

INTRODUÇÃO | CIDADE DOS HOMENS

1. Elizabeth Wilson, *The Sphinx in the City: Urban Life, the Control of Disorder, and Women* (Berkeley: University of California Press, 1991), 29.

2. Judith R. Walkowitz, *City of Dreadful Delight: Narratives of Sexual Danger in Late-Victorian London* (Chicago: The University of Chicago Press, 1992), 11.

3. Wilson, 27.

4. Wilson, 39.

5. Lee Maracle, *I Am Woman: A Native Perspective on Sociology and Feminism* (Vancouver: Press Gang, 1996); Andrea Smith, *Conquest: Sexual Violence and American Indian Genocide* (Cambridge: South End Press, 2005).

6. Sarah Hunt, "Representing Colonial Violence: Trafficking, Sex Work, and the Violence of Law", *Atlantis*, 37.2,1 (2015/2016): 25-39.

7. University of Toronto Magazine, *The Cities We Need*, outono, 2018.

8. Sara Ahmed, "White Men," feministkilljoys, acessado em 28/01/2019, https:// feministkilljoys.com/2014/11/04/whitemen/ (original emphasis).

9. Adrienne Rich, *Blood, Bread, and Poetry: Selected Prose 1979-1985* (Nova York: W.W. Norton, 1994). 10 Rich, 213.

10. Rich, 213.

11. Rich, 216.

12. Um grupo originalmente criado pela ativista Tarana Burke em 2005; "#MeToo" explodiu como hashtag no Twitter em 2017.

13. Por exemplo, mais de 150 mulheres testemunharam abuso de Larry Nasser, um médico de ginastas e atletas universitárias nos EUA.

14 Gerda Wekerle, "A Woman's Place is in the City", *Antipode*, 16,3 (1984): 11-19.

15 Elizabeth Stanko, "Women, Crime, and Fear", *Annals of the American Academy of Political and Social Science*, 539,1 (1995): 46-58.

16 Wilson, *The Sphinx in the City*, 31.

17 Charlotte Brontë, *Villette* (1853), citado em Wilson, *The Sphinx in the City*, 30.

18 Leslie Kern, "Selling the 'Scary City': Gendering Freedom, Fear and Condominium Development in the Neoliberal City", Social & Cultural Geography, 11,3 (2010): 209-230.

19 Margaret Wente escreveu uma coluna semanal no jornal nacional canadense *Globe & Mail* entre 1986 e 2019.

20 Jane Darke, "The Man-Shaped City", in *Changing Places: Women's Lives in the City*, eds. Chris Booth, Jane Darke e Sue Yeandle (Londres: Sage, 1996), 88.

21 Caroline Criado Perez, *Invisible Women: Data Bias in a World Designed for Men* (Nova York: Abrams, 2019).

22 Oliver Moore, "The 'Baked-In Biases' of the Public Square: Calls Grow to Redesign Cities with Women in Mind," *The Globe and Mail*, 1/04/2019, https://www.theglobeandmail.com/canada/toronto/article-designing-safer-cities-for-women/.

23 Dolores Hayden, "Skyscraper Seduction, Skyscraper Rape", *Heresies*, 2 (maio 1977): 108-115.

24 Liz Bondi, "Gender Symbols and Urban Landscapes", *Progress in Human Geography*, 16,2 (1992): 160.

25 Bondi, 160.

26 Janice Monk and Susan Hanson, "On Not Excluding Half of the Human in Human Geography", *The Professional Geographer*, 34 (1982): 11-23.

27 Kimberlé Crenshaw, "Demarginalizing the Intersection of Race and Sex: A Black Feminist Critique of Antidiscrimination Doctrine, Feminist Theory, and Antiracist Politics", in *Feminist Legal Theory: Readings In Law And Gender*, eds. Katherine Bartlett and Roseanne Kennedy (New York: Routledge, 1991); Patricia Hill Collins, *Black Feminist Thought: Knowledge, Consciousness, and the Politics of Empowerment*, 2a. Edição (New York: Routledge, 2000); *bell hooks, Feminist Theory: From Margin to Center*, 2a. Edição (Cambridge: South End Press, 2000).

28 Gill Valentine, "'Sticks and Stones May Break My Bones': A Personal Geography of Harassment", *Antipode*, 30,4 (1998): 305-332; Laura Pulido, "Reflections on a White Discipline", *The Professional Geographer*, 54,1 (2002): 42-49; Audrey Kobayashi, "Coloring the Field: Gender, 'Race,' and the Politics of Fieldwork", *The Professional Geographer*, 46,1 (1994): 73-80; Katherine McKittrick, *Demonic Grounds: Black Women and the Cartographies of Struggle* (Minneapolis: University of Minnesota Press, 2006).

29 Donna Haraway, "Situated Knowledges: The Science Question in Feminism and the Privilege of Partial Perspective", *Feminist Studies* 14,3 (1988): 575-599.

30 Linda Peake and Martina Rieker, eds., *Rethinking Feminist Interventions into the Urban* (Londres: Routledge, 2013).

CIDADE DAS MÃES

31 Charles Baudelaire, *The Painter of Modern Life* (Nova York: Da Capo Press, 1964). Orig. publicado em *Le Figaro*, em 1863.

32 Walter Benjamin, *The Arcades Project*, ed. Rolf Tiedemann, trans. Howard Eiland e Kevin McLaughlin (Cambridge: Belknap Press, 1999); Georg Simmel, "The Metropolis and Mental Life", adapt. D. Weinstein de trans. Kurt Wolff em *The Sociology of Georg Simmel* (Nova York: Free Press, 1950): 409-424.

33 Janet Wolff, "The Invisible Flâneuse: Women and the Literature of Modernity", *Theory, Culture, and Society*, 3 (1985): 37-46.

34 Virginia Woolf, "Street Haunting: A London Adventure", in Volume IV *Collected Essays* (Nova York: Harcourt, Brace and World, Inc., 1930): 166.

35 Virginia Woolf, *The Diary of Virginia Woolf* (Londres: Hogarth Press, 1977).

36 Sally Munt, "The Lesbian Flâneur," in *The Unknown City: Contesting Architecture and Social Space*, eds. Iain Borden, Joe Kerr, Jane Rendell com Alicia Pavaro (Cambridge: MIT Press, 2000): 247-262

37 Lauren Elkin, *Flâneuse: Women Walk the City in Paris*, New York, Tóquio, Veneza, e Londres (Nova York: Farrar, Strauss and Giroux, 2016), chap 1: Flâneuseing, Kindle.

38 Elkin, Flâneuse.

39 Katerie Gladdys, "Stroller Flâneur", Wagadu, 7 (*Today's Global Flâneuse*, 2011), 84-85.

40 Anna Quindlen, "The Ignominy of Being Pregnant in New York City", *New York Times*, 27/03/1996, https://www.nytimes.com/1986/03/27/garden/hers-the-ignominy-of-being-pregnant-in-new-york-city.html.

41 Wekerle, "A Woman's Place is in the City."

42 Betty Friedan, *The Feminine Mystique* (Nova York: W.W. Norton & Company, Inc., 1997 (1963): 57.

43 Dolores Hayden, *Redesigning the American Dream: Gender, Housing, and Family Life* (Nova York: W.W. Norton & Company, Inc., 2002): 30.

44 Ta-Nehisi Coates, "The Case for Reparations", *The Atlantic*, junho (2014): https://www.theatlantic.com/magazine/archive/2014/06/the-case-for-reparations/ 361631/.

45 Hayden, *Redesigning the American Dream*, 59.

46 Sherilyn MacGregor, "Deconstructing the Man Made City", em *Change of Plans: Towards a Non-Sexist Sustainable City*, ed. Margrit Eichler (Toronto: Garamond Press, 1995): 30.

47 Wekerle, "A Woman's Place is in the City," 11.

48 Wekerle, 11.

49 Jane Jacobs, *The Death and Life of Great American Cities* (Nova York: Vintage Books, 1961).

50 Kim England, "Gender Relations and the Spatial Structure of the City," Geo-forum, 22,2 (1991): 136.

51 Gerda Wekerle, "Gender Planning in Public Transit: Political

Process, Changing Discourse and Practice", in *Gender and Planning: A Reader*, eds. Susan S. Fainstein e Lisa J. Sevron (Nova Brunswick: Rutgers University Press, 2005): 275-300.

52 Aarian Marshall, "The Pink Transit Tax: Women Spend More Than Men to Get Around NYC", Wired, 12/11/2018, https://www.wired.com/story/nyc-public-transportation-pink-tax-gender-gap/?mbid=social_twitter_onsiteshare.

53 Noah Richardson, "Why London's Subway System Leaves So Many Disabled People Without a Ride", CBC News, 3/09/2018, https://www.cbc.ca/news/world/london-tube-subway-disabled-riders-1.4804602.

54 Erin Durkin, "New York Subway: Woman Dies While Carrying Baby Stroller on Stairs", *The Guardian*, 29/01/2019, https://www.theguardian.com/ us-news/2019/jan/29/new-york-subway-woman-dies-baby-stroller-stairs.

55 Christine Murray, "What Would Cities Look Like if They Were Designed by Mothers?", *The Guardian*, 27/08/2018, https://www.theguardian.com/ commentisfree/2018/aug/27/architects-diversity-cities-designed-mothers.

56 Jessica Linzey, "In the '70s, Daring Young Women Created the North's First Public Transit System", CBC Radio, 17/08/2018, https://www.cbc.ca/radio/thesundayedition/the-sunday-edition-april-29-2018-1.4638038/in-the-70s-daring-young-women-created-the-north-s-first-public-transit-system-1.4638092.

57 Ila Kazmi, "These Gully Girls from Delhi Are Rapping for Safe Public Spaces", *The Quint*, 11/01/2019, https://www.thequint.com/neon/gender/these-girls-from-madanpur-khadar-in-delhi-are-using-rap-to-talk-about-unsafe-streets-and-lack-of-public-transport.

58 *Evening Standard*, "Pregnant Commuter's Fury at Being Forced to Sit on Carriage Floor Instead of in First Class", 17/02/2014, https://www.standard.co.uk/news/transport/pregnant-commuters-fury-at-being-forced-to-sit-on-carriage-floor-instead-of-in-first-class-9133213.html.

59 Damaris Rose, "Feminist Perspectives on Employment Restructuring and Gentrification: The Case of Montreal", em *The Power of Geography*, eds. Jennifer Wolch e Michael Dear

(Boston: Unwin Hyman, 1989): 118-138; Ann R. Markusen, "City Spatial Structure, Women's Household Work, and National Urban Policy", *Signs: Journal of Women in Culture and Society* 5, S3 (primavera, 1980): S22-S44.

60 Winifred Curran, *Gender and Gentrification* (Nova York: Routledge, 2018): 3.

61 Curran, 6.

62 Curran, 50.

63 Leslie Kern, *Sex and the Revitalized City: Gender, Condominium Development, and Urban Citizenship* (Vancouver: UBC Press, 2010).

64 Sharon Hays, *The Cultural Contradictions of Motherhood* (New Haven: Yale University Press, 1996): 15.

65 Andrea O'Reilly, ed., *Twenty-First Century Motherhood: Experience, Identity, Policy, Agency* (Nova York: Columbia University Press, 2010).

66 Curran, *Gender and Gentrification*; Lia Karsten, "From Yuppies to Yupps: Family Gentrifiers Consuming Spaces and Re-Inventing Cities", Tijdschrift voor economische en sociale geografie, 105,2 (2014): 175-188.

67 Brenda Yeoh, Shirlena Huang e Katie Willis, "Global Cities, Transnational Flows and Gender Dimensions: The View From Singapore", Tijdschrift voor economische en sociale geografie 91,2 (2000).

68 Geraldine Pratt, *Families Apart: Migrant Mothers and the Conflicts of Labor and Love* (Minneapolis: University of Minnesota Press, 2012).

69 Dolores Hayden, *The Grand Domestic Revolution: A History of Feminist Designs for American Homes, Neighborhoods, and Cities* (Cambridge: The MIT Press, 1982)

70 Margrit Eichler, ed., *Change of Plans: Towards a Non-Sexist Sustainable City* (Toronto: Garamond Press, 1995); Dolores Hayden, "What Would a Non-Sexist City Be Like? Speculations on Housing, Urban Design, and Human Work", *Signs: Journal of Women in Culture and Society*, 5,3 (1980): S170-S187.

71 Gerda Wekerle, "Canadian Women's Housing Cooperatives: Case Studies in Physical and Social Innovation", em *Life*

Spaces: Gender, Household, Employment, eds. Caroline Andrew e Beth Moore Milroy (Vancouver: UBC Press, 1988).

72   Helen Jarvis, "Home Truths about Careless Competitiveness", *International Journal of Urban and Regional Research*, 31,1 (2007): 207-214; Gerda R. Wekerle, "Domesticating the Neoliberal City: Invisible Genders and the Politics of Place", em *Women and the Politics of Place*, eds. Wendy Harcourt e Arturo Escobar (Sterling: Kumarian Press, 2005): 86-99.

73   Clare Foran, "How to Design a City for Women", Citylab, 16/09/2013, https://www.citylab.com/transportation/2013/09/how-design-city-women/6739/.

74   Foran, "How to Design a City for Women".

75   Prabha Khosla, "Reclaiming Urban Planning", *Urbanet*, 8/08/2018, https://www.urbanet.info/women-land-rights-cities/.

76   CBC News, "Should Ottawa Adopt Sweden's Gender-Balanced Snow-Clearing Policies?", 24/01/2018, https://www.cbc.ca/news/canada/ottawa/sweden-snow-clearing-gender-ottawa-1.4500636; Curran, *Gender and Gentrification*.

77   CBC News, "Should Ottawa Adopt Sweden's Gender-Balanced Snow-Clearing Policies?".

78   Foran, "How to Design a City for Women"

79   Veronica Zaragovia, "Will High-Heel Friendly Streets Keep Seoul's Women Happy?", *Time*, 5/08/2009, http://content.time.com/time/world/article/0,8599,1914471,00.html?xid=rss-world.

80   Brenda Parker, Masculinities and Markets: Raced and Gendered Urban Politics in Milwaukee (Atenas: University of Georgia Press, 2017).

81   Parker, 119.

82   Parker, 120.

83   Julie Sze, *Noxious New York: The Racial Politics of Urban Health and Environ- mental Justice* (Cambridge: The MIT Press, 2007).

84   Alexandra Parker e Margot Rubin, *Motherhood in Johannesburg: Mapping the Experiences and Moral Geographies of Women and their Children in the City* (Johanesburgo: Gauteng City-Region Observatory, 2017).

85   Parker, *Masculinities and Markets*, 125.

86 Collins, *Black Feminist Thought*; bell hooks, *Feminist Theory*.

87 Zenzele Isoke, *Urban Black Women and the Politics of Resistance* (Nova York: Palgrave Macmillan, 2013).

88 Isoke, 78.

89 Isoke, 78.

90 Isoke, 80, ênfase original.

91 Isoke, 2.

CIDADE DAS AMIGAS

92 Erin Wunker, *Notes from a Feminist Killjoy* (Toronto: BookThug, 2016): 117 (destaque meu).

93 Wunker, 117.

94 Lauren Berlant e Michael Warner, "Sex in Public", *Critical Inquiry*, 24,2 (inverno, 1988): 547-566.

95 Wunker, 142.

96 Wunker, 115.

97 Roxane Gay, *Bad Feminist* (Nova York: HarperCollins, 2014): 47.

98 Elena Ferrante, *My Brilliant Friend* (Nova York: Europa Editions, 2011), cap. 16, Kobo.

99 Ferrante.

100 Alison L. Bain, "White Western Teenage Girls and Urban Space: Challenging Hollywood's Representations", *Gender, Place and Culture*, 10,3 (2003): 204.

101 Bain, 206.

102 Rachel Kaufman, "Architects Ask: Where Are the Spaces for Teen Girls?", NextCity, 3/072018, https://nextcity.org/daily/entry/architects-ask-where-are-the-spaces-for-teen-girls.

103 Mary E. Thomas, "Girls, Consumption Space and the Contradictions of Hanging Out in the City", *Social & Cultural Geography*, 6,4 (2005): 587-605.

104 Plan International, *Unsafe in the City: The Everyday Experiences of Girls and Young Women* (Surrey: Plan International, 2018).

105 *Girls Town* (1996) Dir. Jim McKay, EUA.

106 Bain, "White Western Teenage Girls".

107 Gill Valentine, "Children Should Be Seen and Not Heard: The Production and Transgression of Adults' Public Space", *Urban Geography*, 17 (1996): 205-220.

108 Bain, "White Western Teenage Girls", 206.

109 Bain, 206.

110 Bain, 209

111 Bain, 209.

112 Darke, "The Man-Shaped City".

113 Kayleen Schaefer, *Text Me When You Get Home: The Evolution and Triumph of Modern Female Friendship* (Nova York: Dutton/Penguin Random House, 2018), Introduction: *Why Women Tell Each Other*, *Text Me When You Get Home*, Kindle.

114 Os crimes de Paul Bernardo e Karla Homolka foram bem documentados.

115 Schaefer, *Text Me When You Get Home*.

116 Emily Yoshida, "Broad City: Meet The 21st Century Comedy Queens That Even Hillary Loves", *The Guardian*, 15/02/2016, https://www.theguardian.com/tv-and-radio/2016/feb/15/broad-city-funniest-comedy-on-tv.

117 Brian Moylan, "Broad City: Season Three of the Comedy is One of the TV Highlights of the Year", *The Guardian*, 16/02/2016, https://www.theguardian.com/tv-and-radio/2016/feb/17/broad-city-season-three-tv-highlights-of-the-year.

118 Wunker, *Notes*.

119 Julie Podmore, "Lesbians in the Crowd: Gender, Sexuality and Visibility Along Montréal's Boul. St-Laurent", *Gender, Place & Culture*, 8,4 (2001): 333-355.

120 Julie Podmore, "Gone 'Underground'? Lesbian Visibility and the Consolidation of Queer Space in Montréal", *Social & Cultural Geography*, 7,4 (2006): 595 (destaque meu).

121 Tamar Rothenberg, "'And She Told Two Friends': Lesbians Creating Urban Social Space", em *Mapping Desire: Geographies of Sexualities*, eds. David J. Bell e Gill Valentine (Nova York: Routledge, 1995): 157.

122 Gill Valentine, "Desperately Seeking Susan: A Geography of Lesbian Friendships", Area, 25,2 (1993): 109-116.

123 Lulu Wei, "Where Have All the Spaces for Queer Women in Toronto Gone?", Xtra, 7/011/2018, https://www.dailyxtra.com/where-have-all-the-spaces-for-queer-women-in-toronto-gone-127717.

124 Erica Lenti, "Slack's Closes Just Before Toronto Pride", Xtra, 27/06/2013, https://www.dailyxtra.com/slacks-closes-just-before-toronto-pride-50243.

125 Wei, "Where Have All the Spaces".

126 Rebecca Traister, *All the Single Ladies: Unmarried Women and the Rise of an Independent Nation* (Nova York: Simon & Schuster, 2016): 97.

127 Schaefer, *Text Me When You Get Home*.

128 Jessica Williams, "Foreword", em *You Can't Touch My Hair: And Other Things I Still Have to Explain*, auth. Phoebe Robinson (Nova York: Plume/Penguin Random House, 2016), Kindle.

129 Schaefer, *Text Me When You Get Home*.

130 Carolyn Whitzman, "What Do You Want to Do? Pave Parks? Urban Planning and the Prevention of Violence", in *Change of Plans: Towards a Non-Sexist Sustainable City*, ed. Margrit Eichler (Toronto: Garamond Press, 1995): 89-109.

131 Deland Chan, "What Counts as 'Real' City Planning?", 26/03/2018, Citylab, https://www.citylab.com/equity/2018/03/what-counts-as-real-city-planning/556082/?utm_source=SFFB.

132 Katrina Johnston-Zimmerman, "Urban Planning Has a Sexism Problem", *Next City*, 19/12/2017, https://nextcity.org/features/view/urban-planning-sexism-problem.

133 Traister, All the Single Ladies, 73.

134 Kern, *Sex and the Revitalized City*.

135 Wunker, *Notes*, 139.

136 Kim TallBear, "Yes, Your Pleasure! Yes, Self-Love! And Don't Forget: Settler Sex is a Structure", *Critical Polyamorist*, 22/04/2018, http://www.criticalpolyamorist.com/homeblog/yes-your-pleasure-yes-self-love-and-dont-forget-settler-sex-is-a-structure.

137 TallBear.

138 Woolf, "Street Haunting".

139 Baudelaire, *The Painter of Modern Life*.

140 Dan Bacon, "How to Talk to a Woman Wearing Headphones", *The Modern Man*, n.d., acessado em 1/02/2019, https://www.themodernman.com/dating/how-to-talk-to-a-woman-who-is-wearing-headphones.html.

141 Martha Mills, "How to Actually Talk to a Woman Wearing Headphones", *The Guardian*, 30/08/2016, https://www.theguardian.com/science/brain-flapping/2016/aug/30/how-to-actually-talk-to-a-woman-wearing-headphones.

142 Michelle Hamilton, "Running While Female", *Runner's World*, 8/08/2017, https://www.runnersworld.com/training/a18848270/running-while-female/.

143 David Williams, "A Startling Number of Women Say They Have Been Harassed While Running", CNN, 23/08/2018, https://www.cnn.com/2018/08/23/us/women-runners-tibbetts-harassment-trnd/index.html.

144 Blane Bachelor, "Road Biking While Female", *Outside*, 23/05/2018, https://www.outsideonline.com/2311221/metoo-issues-facing-women-cyclists.

145 Jacobs, *Death and Life*.

146 BBC News, "Starbucks: Philadelphia arrests of black men 'reprehensible'", *BBC News*, 16/04/2018, https://www.bbc.com/news/world-us-canada-43791159.

147 "Carding" se compara às práticas de policiamento de "parar e revistar" nos Estados Unidos. Em Toronto, as paradas de "carding" foram rotuladas de "relatórios de envolvimento da comunidade" nos quais a polícia para as pessoas na rua, ou nos carros, pede a identificação, e reúne outras informações (endereço, nomes de amigos, familiares, etc.). Comprovou-se que a prática para atinge desproporcionalmente negros, indígenas e outras pessoas de minorias visíveis.

148 Desmond Cole, "The Skin I'm In: I've Been Interrogated by Police More Than 50 Times — All Because I'm Black", *Toronto Life*, 21/04/2015, https://torontolife.com/city/life/skin-im-ive-interrogated-police-50-times-im-black/.

149 Gabrielle Peters, "A Wheelchair User's Guide to Consent", *CBC News*, 20/01/2019, https://www.cbc.ca/news/canada/british-columbia/a-wheelchair-user-s-guide-to-consent-1.4982862.

150 Peters.

151 Clint Edwards, "Why Mothers Stay Up Late", *Scarymommy*, n.d., acessado em 1/02/2019, http://www.scarymommy.com/mothers-stay-up-late/.

152 Darke, "The Man-Shaped City", 89.

153 Wunker, *Notes*, 9.

154 Wilson, *The Sphinx in the City*.

155 Émile Zola, *Au Bonheur des Dames* (*The Ladies' Paradise*), trans. Brian Nelson (Charpentier, 1995).

156 Liz Bondi e Mona Domosh, "On the Contours of Public Space: A Tale of Three Women", *Antipode*, 30,3 (1998): 270-289.

157 Bondi e Domosh, 279.

158 Bondi e Domosh, 280.

159 Kern, *Sex and the Revitalized City*.

160 Bondi e Domosh, 283.

161 Bondi e Domosh, 284.

162 Alan Latham, "Urbanity, Lifestyle and Making Sense of the New Urban Cultural Economy: Notes from Auckland, New Zealand", *Urban Studies*, 40,9 (2003): 1699-1724; Steve Penfold, *The Donut: A Canadian History* (Toronto: University of Toronto Press, 2008).

163 Leslie Kern, "From Toxic Wreck to Crunchy Chic: Environmental Gentrification Through the Body", *Environment and Planning D: Society and Space*, 33,1 (2015): 67-83.

164 Ray Oldenburg, *The Great Good Place* (Nova York: Marlowe and Company, 1989).

165 Sonia Bookman, "Brands and Urban Life: Specialty Coffee, Consumers, and the Cocreation of Urban Café Sociality", *Space and Culture*, 17,1 (2014): 85-99.

166 Leslie Kern e Heather McLean, "Undecidability and the Urban: Feminist Pathways Through Urban Political Economy", *ACME: An International E-Journal for Critical Geographies*, 16,3 (2017): 405-426.

167 Leslie Kern, 2013, "All Aboard? Women Working the Spaces of Gentrification in Toronto's Junction", *Gender, Place and Culture*, 20,4 (2013): 510-527.

168 Lezlie Lowe, *No Place to Go: How Public Toilets Fail Our Private Needs* (Toronto: Coach House Books, 2018).

169 Lowe, 111.

170 Sharmila Murthy, "In India, Dying to Go: Why Access to Toilets is a Women's Rights Issue", *WBUR: Cognoscenti*, 25/06/2014, https://www.wbur.org/ cognoscenti/2014/06/25/human-rights-gang-rape-sharmila-l-murthy.

171 Rocco Kayiatos, "Interview with Dean Spade", *Original Plumbing: Trans Male Culture, The Bathroom Issue*, 18 (2016): 23-27.

172 Lowe, *No Place to Go*, 27.

173 Ayona Datta, "Indian Women from the Outskirts of Delhi are Taking Selfies to Claim their Right to the City", *The Conversation*, 1/02/2019, https:// theconversation.com/indian-women-from-the-outskirts-of-delhi-are-taking-selfies-to-claim-their-right-to-the-city-110376.

174 Anita Sarkeesian é fundadora do site Feminist Frequency [Frequência feminina]; suas críticas ao sexismo nos videogames valeram-lhe anos de ameaças de morte. A escritora Lindy West narra as suas experiências com assédio online em *Shrill: Notes from a Loud Woman* (Nova York: Hachette Books, 2016).

CIDADE DE PROTESTO

175 Dan La Botz, "Ontario's 'Days of Action' - A Citywide Political Strike Offers a Potential Example for Madison", *LaborNotes*, 9/03/2011, http://www.labornotes.org/2011/03/ontarios-days-action-citywide-political-strike-offers-potential-example-madison.

176 Audre Lorde, *Sister Outsider: Essays and Speeches* (NOVA York: Crossing Press, 1984).

177 Henri Lefebvre, *Writings on Cities*, trans. e eds. Eleonore Kofman e Elizabeth Lebas (Oxford: Blackwell Publishing, 1996).

178 Gerda R. Wekerle, "Women's Rights to the City: Gendered Spaces of a Pluralistic Citizenship", em *Democracy, Citizenship,*

and the Global City, ed. Engin Isin (Londres: Routledge, 2000): 203-217.

179 Barbara Loevinger Rahder, "Women Plan Toronto: Incorporating Gender Issues in Urban Planning", *PN: Planners Network*, 6/07/1998, http://www.plannersnetwork.org/1998/07/women-plan-toronto-incorporating-gender-issues-in-urban-planning/.

180 Ebru Ustundag e Gökbörü S. Tanyildiz, "Urban Public Spaces, Virtual Spaces, and Protest", em *Urbanization in a Global Context*, eds. Alison L. Bain e Linda Peake (Don Mills: Oxford University Press, 2017): 209-226.

181 "Take Back the Night", Newfoundland & Labrador Sexual Assault Crisis and Prevention Centre, http://nlsacpc.com/Take-Back-the-Night.htm.

182 Laura Lederer, ed. *Take Back the Night: Women and Pornography* (Nova York: William Morrow and Co., 1980). See Phil Hubbard e Rachela Colosi, "Taking Back the Night? Gender and the Contestation of Sexual Entertainment in England and Wales", Urban Studies, 52,3 (2015): 589-605, pela discussão sobre essa política no Reino Unido.

183 Por exemplo, o *Vancouver Rape Relief and Women's Shelter* se envolveu em uma batalha jurídica em 2007 sobre sua decisão de não contratar uma mulher transgênero como trabalhadora de crise, porque ela não "nasceu mulher". A decisão foi mantida pelos tribunais, mas, em março de 2019, a cidade de Vancouver anunciou que cortaria o subsídio para a organização, até que mudasse suas políticas discriminatórias contra mulheres trans.

184 "About Take Back the Night", *Take Back the Night Toronto*, https://takeback thenighttoronto.com/about/.

185 Jane Doe, *The Story of Jane Doe: A Book About Rape* (Toronto: Random House Canada, 2004).

186 Carol Muree Martin e Harsha Walia, *Red Women Rising: Indigenous Women Survivors in Vancouver's Downtown Eastside* (Vancouver: Downtown Eastside Women's Centre, 2019), 129.

187 Rituparna Borah e Subhalakshmi Nandi, "Reclaiming the Feminist Politics of 'SlutWalk'", *International Feminist Journal of Politics*, 14,3 (2012): 415-421.

188 Mervyn Horgan e Leslie Kern, "Urban Public Spaces: Streets, Securitization, and Strangers", em *Urban Canada Third Edition*, ed. H.H. Hiller (Toronto: Oxford University Press, 2014): 112-132.

189 Durba Mitra, "Critical Perspectives on SlutWalks in India", *Feminist Studies*, 38,1 (2012): 257.

190 Tom Phillips, "#Cuéntalo: Latin American Women Rally Around Sexual Violence Hashtag", *The Guardian*, 3/05/2018, https://www.theguardian.com/world/2018/may/03/cuentalo-latin-american-women-rally-around-sexual-violence-hashtag; John Bartlett, "Chile's #MeToo Moment: Students Protest Against Sexual Harassment", *The Guardian*, 9/07/2018, https://www.theguardian.com/world/2018/jul/09/chile-metoo-sexual-harassment-universities.

191 Delilah Friedler, "Activist LaNada War Jack of the Bannock Nation Details Her Time Occupying Alcatraz", *TeenVogue*, 21/03/2019, https://www.teenvogue.com/story/activist-lanada-war-jack-details-occupying-alcatraz.

192 Esta é uma tendência observada em todos os tipos de movimento. Ver Rachel Stein, ed., *New Perspectives on Environmental Justice: Gender, Sexuality and Activism* (New Brunswick: Rutgers University Press, 2004) para múltiplas discussões sobre como isso se desenvolve na questão de justiça ambiental.

193 Andrew Loewen, "The Gendered Labour of Social Movements: Letter from the Editor", *Briarpatch Magazine*, 30/06/2015, https://briarpatchmagazine.com/articles/view/the-gendered-labour-of-social-movements.

194 Chaone Mallory, "Ecofeminism and Forest Defense in Cascadia: Gender, Theory and Radical Activism", *Capitalism Nature Socialism*, 17,1 (2006): 32-49.

195 Margaret E. Beare, Nathalie Des Rosiers e Abigail C. Deshman, *Putting the State on Trial: The Policing of Protest during the G20 Summit* (Vancouver: UBC Press, 2015).

196 Tom Malleson e David Wachsmuth, eds., *Whose Streets? The G20 and the Challenges of Summit Protest* (Toronto: Between the Lines, 2011).

197 Eleanor Ainge Roy, "'I'm Pregnant, Not Incapacitated': PM

Jacinda Ardern on Baby Mania", *The Guardian*, 26/01/2018, https://www.theguardian.com/world/2018/jan/26/jacinda-ardern-pregnant-new-zealand-baby-mania.

198 Saba Hamedy and Daniella Diaz, "Sen. Duckworth Makes History, Casts Vote with Baby on Senate Floor", CNN, 20/04/2018, https://www.cnn.com/2018/04/19/politics/tammy-duckworth-baby-senate-floor/index.html.

199 Laura Stone, "Karina Gould Hopes Becoming Canada's First Federal Cabinet Minister to Give Birth While in Office Will Set Precedent", *The Globe and Mail*, 7/01/2018, https://www.theglobeandmail.com/news/politics/ karina-gould-set-to-become-canadasfirst-cabinet-minister-to-give-birth-while-in-office/article37516244/.

200 W.J. Adelman, *Pilsen and the West Side: A Tour Guide* (Chicago: Illinois Labor History Society, 1983); Lilia Fernández, *Brown in the Windy City: Mexicans and Puerto Ricans in Postwar Chicago* (Chicago: University of Chicago Press, 2012).

201 Leslie Kern e Caroline Kovesi, "Environmental Justice Meets the Right to Stay Put: Mobilising Against Environmental Racism, Gentrification, and Xenophobia in Chicago's Little Village", Local Environment, 23,9 (2018): 952-966.

202 Rinaldo Walcott, "Black Lives Matter, Police and Pride: Toronto Activists Spark a Movement", *The Conversation*, 28/06/2017, http://theconversation.com/black-lives-matter-police-and-pride-toronto-activists-spark-a-movement-79089/.

203 Walcott.

204 Walcott.

CIDADE DO MEDO

205 Margaret T. Gordon e Stephanie Riger, *The Female Fear* (New York: Free Press, 1989); Elizabeth A. Stanko, *Everyday Violence: How Women and Men Experience Sexual and Physical Danger* (New York: Harper Collins, 1996); Jalna Hanmer e Mary Maynard, eds., *Women, Violence, and Social Control* (Houndsmills: Macmillan Press, 1987).

206 Whitzman, "'What Do You Want to Do? Pave Parks?'"; Elizabeth A. Stanko, "The Case of Fearful Women: Gender,

Personal Safety and Fear of Crime", *Women and Criminal Justice*, 4,1 (1993): 117-135.

207 Whitzman, 91.

208 Esther Madriz, *Nothing Bad Happens to Good Girls: Fear of Crime in Women's Lives* (Berkeley: University of California Press, 1997); Stanko, "Women, Crime, and Fear."

209 Whitzman, "'What Do You Want to Do? Pave Parks?'," 91.

210 Carol Brooks Gardner, *Passing By: Gender and Public Harassment* (Berkeley: University of California Press, 1995).

211 Hille Koskela, "Gendered Exclusions: Women's Fear of Violence and Changing Relations to Space", Geografiska Annaler, Series B, Human Geography, 81,2 (1999): 11.

212 Whitzman, "'What Do You Want to Do? Pave Parks?'", 92.

213 Gill Valentine, "The Geography of Women's Fear," Area 21,4 (1989): 171.

214 Madriz, *Nothing Bad Happens to Good Girls*.

215 Rachel Pain, "Gender, Race, Age, and Fear in the City", Urban Studies, 38, 5-6 (2001): 899-913.

216 Madriz, Nothing Bad Happens to Good Girls; Stanko, Everyday Violence.

217 Kristen Gilchrist, "'Newsworthy' Victims?", *Feminist Media Studies*, 10,4 (2010): 373-390; Yasmin Jiwani e Marylynn Young, "Missing and Murdered Women: Reproducing Marginality in News Discourse", *Canadian Journal of Communication*, 31 (2006): 895-917; Marian Meyers, *News Coverage of Violence Against Women: Engendering Blame* (Newbury Park: Sage, 1997).

218 Talia Shadwell, "'Paying to Stay Safe': Why Women Don't Walk as Much as Men", *The Guardian*, 11/10/2017, https://www.theguardian.com/inequality/2017/ oct/11/paying-to-stay-safe-why-women-dont-walk-as-much-as-men.

219 Mike Raco, "Remaking Place and Securitizing Space: Urban Regeneration and the Strategies, Tactics and Practices of Policing in the UK", Urban Studies, 40,9 (2003): 1869-1887.

220 Amy Fleming, "What Would a City that is Safe for Women Look Like?", *The Guardian*, 13/12/2018, https://www.theguardian.com/cities/2018/ dec/13/what-would-a-city-that-is-safe-for-women-look-like.

221 Plan International, *Unsafe in the City*.

222 Barbara Loevinger Rahder, "Women Plan Toronto".

223 Moore, "The 'Baked-In Biases'".

224 Fleming, "What Would a City that is Safe for Women Look Like?".

225 Gerda R. Wekerle and Safe City Committee of the City of Toronto, *A Working Guide for Planning and Designing Safer Urban Environments* (Toronto: Department of Planning and Development, 1992).

226 Oscar Newman, *Defensible Space: Crime Prevention Through Environmental Design* (London: MacMillan Publishing, 1973).

227 Hille Koskela e Rachel Pain, "Revisiting Fear and Place: Women's Fear of Attack and the Built Environment", Geoforum, 31, (2000): 269.

228 Koskela e Pain, "Revisiting Fear and Place".

229 Whitzman, "'What Do You Want to Do? Pave Parks?'".

230 Koskela e Pain, "Revisiting Fear and Place", 269.

231 Hille Koskela, "'Bold Walk and Breakings': Women's Spatial Confidence Versus Fear of Violence", *Gender, Place and Culture*, 4,3 (1997): 301.

232 Carolyn Whitzman, "Stuck at the Front Door: Gender, Fear of Crime and the Challenge of Creating Safer Space", *Environment and Planning A*, 39,11 (2007): 2715-2732.

233 Hunt, "Representing Colonial Violence"; Leanne Betasamosake Simpson, *As We Have Always Done: Indigenous Freedom Through Radical Resistance* (Minneapolis: University of Minnesota Press, 2017); Smith, Conquest.

234 Barbara Rahder e Heather McLean, "Other Ways of Knowing Your Place: Immigrant Women's Experience of Public Space in Toronto", *Canadian Journal of Urban Research*, 22,1 (2013): 145-166.

235 Alec Brownlow, "Keeping Up Appearances: Profiting from Patriarchy in the Nation's 'Safest City'", *Urban Studies*, 46,8 (2009): 1680-1701.

236 Curran, Gender and Gentrification.

237 Robyn Doolittle, "Unfounded: Why Police Dismiss 1 in 5 Sexual

Assault Claims as Baseless", *The Globe and Mail*, 3/02/2017, https://www.theglobeandmail.com/news/investigations/unfounded-sexual-assault-canada-main/article33891309/; Robyn Doolittle, "The Unfounded Effect," *The Globe and Mail*, 8/12/2017, https://www.theglobeandmail.com/ news/investigations/unfounded-37272-sexual-assault-cases-being-reviewed-402-unfounded-cases-reopened-so-far/article37245525/.

238 Mimi E. Kim, "From Carceral Feminism to Transformative Justice: Women-of-Color Feminism and Alternatives to Incarceration", *Journal of Ethnic & Cultural Diversity in Social Work*, 27,3 (2018): 219-233.

239 Beth E. Richie, *Arrested Justice: Black Women, Violence, and America's Prison Nation* (New York: New York University Press, 2012): 4.

240 Kern, *Sex and the Revitalized City*.

CIDADE DE POSSIBILIDADES

241 Brenda Parker, *"Material Matters: Gender and the City"*, *Geography Compass*, 5/6 (2011): 433-447; Robyn Longhurst, "The Geography Closest In—The Body... The Politics of Pregnability", *Australian Geographical Studies*, 32,2 (1994): 214-223.

242 Traister, *All the Single Ladies*, 83.

243 Judith Butler, *Gender Trouble: Feminism and the Subversion of Identity* (New York: Routledge, 1990).

244 Bessel A. van der Kolk, *The Body Keeps the Score: Brain, Mind, and Body in the Healing of Trauma* (New York: Penguin Books, 2014).

245 Don Mitchell, "The SUV Model of Citizenship: Floating Bubbles, Buffer Zones, and the Rise of the 'Purely Atomic' Individual", *Political Geography*, 24,1 (2005): 77-100.

246 Samuel R. Delany, *Times Square Red, Times Square Blue* (New York: New York University Press, 1999).

247 Brett Story, "In/different Cities: A Case for Contact at the Margins", *Social and Cultural Geography*, 14,7 (2013): 752-761.

248 Story, 758.

249 Caitlin Cahill, "Negotiating Grit and Glamour: Young Women of Color and the Gentrification of the Lower East Side", *City & Society*, 19,2 (2007): 202-231; David Wilson e Dennis Grammenos, "Gentrification, Discourse, and the Body: Chicago's Humboldt Park", *Environment and Planning D: Society and Space*, 23,2 (2005): 295-312.

250 Leslie Kern, "Connecting Embodiment, Emotion and Gentrification: An Exploration Through the Practice of Yoga in Toronto", *Emotion, Space and Society* 5,1 (2012): 27-35.

251 Rebecca Solnit, "Death by Gentrification: The Killing That Shamed San Francisco", *The Guardian*, 21/03/2016, https://www.theguardian.com/us-news/2016/mar/21/death-by-gentrification-the-killing-that-shamed-san-francisco.

252 Brenda Parker, "The Feminist Geographer as Killjoy: Excavating Gendered Urban Power Relations", *The Professional Geographer* 69,2 (2017): 321-328.

253 Julie Tomiak, "Contesting the Settler City: Indigenous Self-Determination, New Urban Reserves, and the Neoliberalization of Colonialism", *Antipode*, 49,4 (2017): 928-945.

254 James Baldwin, *The Fire Next Time* (New York: Vintage Books, 1962).

255 Kern and McLean, "Undecidability and the Urban".

256 Red Wagon Collective, "MAG Art Exhibit at York University", 11/09/2015, acessado em 4/02/2019, https://gatheringspace.wordpress.com/2015/09/11/mag-art-exhibit-at-york-university/.

257 Fight for $15, "About Us," acessado em 4/02/2019, https://fightfor15.org/about-us/.

258 Focus E15 Campaign, "About Us," acessado em 4/02/2019, https://focuse15.org/about/.

Que este livro dure até antes do fim do mundo.

Impresso em junho de 2023 pela Gráfica Maistype.
Papel Polén Natural 80g. Fontes Proforma Book e Myriad Pro.